Aves de Portugal
Crónicas de um observador

Gonçalo Elias

Aves de Portugal
Crónicas de um observador

Título:	Aves de Portugal
	Crónicas de um observador
Autor:	Gonçalo Elias
Foto da capa:	Moleiro-pomarino *Stercorarius pomarinus*
	(Pedro Marques)
Produção:	C. Maria Elias
Impressão:	Createspace.com
Distribuição:	Amazon.com

Setembro de 2016

ISBN: 978-1-537-60608-8

Print On Demand

Contacto: goncalo.elias@gmail.com

ÍNDICE

Introdução 7

A observação de aves.. 8

Observar aves no Inverno.. 12

O canto dos passarinhos 16

Porque migram as aves?... 20

Observar aves em Lisboa.. 24

A várzea de Loures... 29

A importância dos estuários.. 33

O grande santuário nacional 37

Estuário do Sado.. 41

O montado e as suas aves 45

Sagres: um beco sem saída?.. 49

Observar aves no distrito de Portalegre.. 53

Destino: São Mamede 58

Explorando o distrito da Guarda 62

Segredos da serra da Estrela 66

Explorando o distrito de Viseu 70

A importância dos caniçais.. 74

As aves da Madeira.. 78

Sob o efeito do isolamento... 82

O novo atlas das aves 87

Aves marinhas da costa portuguesa.. 90

Gaivotas em terra 95

Águias-pesqueiras em Portugal... 99

Observação de mergulhões 104

Andorinhas-dos-beirais 109

A pega-rabuda 113

Pardais ao ninho.. 116

A estratégia parasita do cuco.. 119

Em busca dos pica-paus 123

A poupa malcheirosa... 127

Melro-d'água: o dançarino mergulhador 131

Observação de aves nocturnas 135

Os misteriosos cortiçóis 140

Rola-turca: a ave que veio do oriente 144

Caimão: a galinha-sultana 148

O chasco-preto 152

A gaivota mais rara da Europa 156

O abelharuco 160

A história da andorinha-dáurica 163

Borrelhos com e sem coleira 167

A gralha-de-bico-vermelho 171

Melro-das-rochas: uma ave de alta montanha 175

A rara cegonha-preta 179

Em busca do bico-grossudo 183

A garça dos bois 187

O trigueiro cantor das searas 191

A coruja-das-torres 195

Observação de noitibós 199

O flamingo-rosado 204

À descoberta do cartaxo 208

A pega-azul 212

As aves que vêm do Árctico 216

A invasão das aves marinhas 220

O criado do cuco 224

O abibe 228

Pardais-espanhóis em terras lusitanas 233

A ave mais pequena da Europa 238

Galeirões com e sem crista 242

Andorinhas de Inverno 247

Em busca das aves raras 250

Aves exóticas em Portugal 254

Sobre o autor 258

Introdução

Em 1999 fui convidado pelo editor do jornal ABC Ambiente, propriedade da associação ambientalista Quercus, para colaborar com esta publicação através da elaboração de artigos sobre avifauna. Foi com agrado que aceitei o convite, tendo então tido início uma secção regular sobre este tema, a qual se prolongou durante onze anos – primeiro no ABC e, a partir de meados de 2003, no seu sucessor, o jornal Quercus Ambiente.

Os artigos publicados nessa secção encontram-se agora reunidos em livro, ficando assim acessíveis a todos aqueles que não tiveram oportunidade de os ler no seu suporte original.

No presente livro, os textos não estão apresentados pela sequência cronológica de publicação, tendo antes sido agrupados de acordo com as temáticas. Assim, apresentam-se primeiro os artigos relacionados com a actividade de observação de aves em geral e com alguns temas genéricos sobre as aves, tais como o canto e a migração. Seguem-se todos os artigos que estão relacionados com uma determinada área geográfica (um estuário, uma serra, uma região, uma província). Por fim, vêm os artigos dedicados a uma única espécie ou a um grupo de espécies.

Alguns textos perderam um pouco da sua actualidade, pois a situação neles retratada sofreu algumas alterações desde a data em que foram redigidos. Ainda assim, optou-se por manter o conteúdo original, tendo-se actualizado apenas alguns nomes científicos que entretanto foram alterados, mas sempre que julgado oportuno, foram adicionadas algumas notas de rodapé, de modo a esclarecer alterações de relevo relativamente às situações retratadas no texto. Adicionalmente, todos os artigos são acompanhados de uma nota, no final do texto, indicando a data e o número da edição em que foram originalmente publicados.

A observação de aves

Iniciar-se na observação de aves é partir à descoberta de um mundo desconhecido e fabuloso. O aumento recente da atenção dedicada às questões ambientais veio desenvolver um maior interesse por tudo quanto se relacione com a Natureza e, particularmente, pela observação de animais em liberdade. Nesse aspecto, Portugal apresenta boas condições para observar a Natureza, não só por possuir um património natural muito rico como também por dispor de condições climatéricas favoráveis durante boa parte do ano. De entre todos os grupos animais que podem ser observados, as aves são certamente um dos mais populares.

O número de espécies que ocorre em Portugal é bastante elevado: cerca de 260 espécies ocorrem anualmente no nosso país. Destas, cerca de 180 nidificam, enquanto as restantes 80 são oriundas do Norte da Europa e apenas ocorrem no nosso país em passagem migratória de ou para África ou na qualidade de invernantes, procurando fugir ao rigor do clima do Norte da Europa durante os meses mais frios.

Algumas espécies são residentes e podem ser observadas em qualquer altura do ano. É o caso das garças, falcões, perdizes, mochos, pica-paus, cotovias, melros, pegas, gaios e corvos.

Outras espécies são migradoras – passam o Inverno em África e vêm até Portugal para se reproduzir. É o caso das cegonhas, pernilongos, abelharucos, andorinhas, andorinhões, noitibós, rouxinóis, chascos, felosas, picanços e muitos outros. A maioria das espécies chega em Março ou Abril e parte em Agosto ou Setembro, no entanto as suas datas de chegada e partida variam de espécie para espécie. É muito interessante observar a forma como as aves migradoras vão progressivamente ocupando o nosso país, de sul para norte, e estabelecendo os seus territórios de nidificação. Algumas espécies, como as andorinhas, chegam a partir de Fevereiro, ao passo que outras, como os noitibós, raramente são vistas antes do princípio de Maio.

Para se conhecer bem a nossa comunidade de aves, há que ter gosto pela realização de passeios ou caminhadas, sendo também importante realizar saídas em diferentes épocas do ano e a diversos locais do nosso território. No entanto, para além das aves que se poderá observar, descobrir-se-ão locais de grande beleza natural, que são precisamente aqueles que até hoje foram menos atingidos pelas transformações do homem.

Muitas pessoas pensam que a observação de aves se destina apenas a peritos em questões ambientais, que obriga a levantar muito cedo e a adquirir equipamento especializado. Trata-se, porem de uma prática que está ao alcance de qualquer um e que pode ser realizada a qualquer hora do dia e em qualquer lugar. Nos últimos anos, esta actividade tem conhecido um aumento de popularidade em alguns países do mundo, em particular nas Ilhas Britânicas, na Holanda, na Suécia e nos E.U.A., onde o número de observadores é já muito elevado.

Também em Portugal, e apesar de esta actividade estar ainda pouco divulgada, se assiste a um aumento do interesse por tudo o que se relacione com o ambiente em geral e com a observação de aves em particular.

Quase todos os locais são propícios à realização desta actividade, exceptuando talvez as áreas densamente habitadas ou industrializadas. Com um pouco de experiência, cada observador vai aprendendo a reconhecer os melhores locais para encontrar aves interessantes. Convém ter em conta que cada espécie apresenta preferências por um determinado tipo de habitat, deste modo se se pretender tomar contacto com muitas espécies diferentes é importante visitar zonas com características variadas: parques e jardins, pinhais, sobreirais, azinhais, olivais, praias, lagoas, margens de rios e ribeiras, estuários, terrenos agrícolas de todo o género, terrenos incultos, etc. A forma como se vão descobrindo as espécies características de cada zona constitui uma pequena aventura.

Quanto ao equipamento, é pouco dispendioso e pode ser adquirido por facilidade. Aliás, é provável que muitos leitores já possuam o equipamento necessário e nunca se tenham lembrado de lhes dar uso. Vejamos o que é preciso: antes de mais, um binóculo é fundamental, a fim de poder observar aves a alguma distância; com efeito, uma vez que se está a observar as aves em liberdade, estas, por terem um medo natural do homem, não permitem aproximações para além de uma determinada distância, em geral 20 ou 30 metros, conforme as espécies e os locais. Só o binóculo permitirá observar as aves com algum detalhe e, acima de tudo identificá-las correctamente. Um binóculo que amplie 7 a 10 vezes é geralmente suficiente e pode ser adquirido por preços muito acessíveis (10 a 20 contos), embora existam equipamentos a preços muito superiores para os observadores mais exigentes.

Quando vamos para o campo, a variedade de espécies de aves que se nos depara é bastante grande e numa fase inicial irão parecer "todas iguais". Para resolver esta dificuldade, convém dispor de um livro especializado (guia de campo), que contenha bons desenhos das espécies existentes e explique correctamente a forma de as distinguir. Existem numerosos guias de campo de diferentes autores, a maior parte de origem inglesa, embora muitos deles se encontrem traduzidos.

Quando se começa a observar aves, a princípio apenas se consegue identificar algumas espécies por dia. No entanto, à medida que se vai descobrindo novas espécies e aprendendo a identificá-las correctamente, o volume de informação colhido aumenta de tal forma que deixa de ser possível recordar as datas e os locais em que as aves foram observadas. Assim, recomenda-se a utilização de um caderno ou bloco de apontamentos (vulgarmente chamado "caderno de campo" que, embora não seja indispensável, pode revelar-se muito útil para registar as observações efectuadas. Os blocos de apontamentos vulgares tendem a deteriorar-se rapidamente com a humidade, pelo que é preferível adquirir um caderno de capa dura, que se conserva bem no campo.

Finalmente, convém não esquecer que, para observar aves, é necessário andar muitas vezes no meio da vegetação e de terrenos com bastante humidade. Deste modo, é aconselhável escolher cuidadosamente a roupa a levar: calças de ganga rija, peúgas ou meias grossas, botas ou galochas e agasalhos. É claro que a roupa a levar variará com o tipo de terreno para onde se vai e com a época do ano, mas recomenda-se que se leve um par de peúgas suplementar, para o caso de o terreno se encontrar húmido...

Uma vez adquirido este material, estamos prontos para ir para o campo e tomar contacto com este mundo fascinante que nos rodeia.

Publicado no jornal ABC Ambiente nº 14, de Outubro de 1999.

Observar aves no Inverno

No anterior número do ABC descreveram-se alguns aspectos gerais relacionados com a observação de aves em liberdade. Em particular, foram referidas as circunstâncias em que esta actividade pode ser realizada e o equipamento necessário.

Para além dos aspectos que então foram focados, é necessário ter em consideração a época do ano em que esta actividade é realizada e alguns aspectos específicos com ela relacionados. Assim, uma vez que se aproxima a estação fria, e com vista a proporcionar aos leitores mais interessados uma melhor passagem à prática desta actividade durante os meses mais próximos, descrevem-se neste artigo algumas especificidades da observação de aves em pleno Inverno.

O estado do tempo

Quando se fala de Inverno, é frequente pensar-se em frio, chuva e vento e a ideia de passear pelo campo com o intuito de observar aves em condições meteorológicas tão adversas afigura-se pouco animadora. Importa por isso desmistificar alguns aspectos relacionados com o estado do tempo. Em primeiro lugar o conceito de "mau tempo", que frequentemente é associado à ocorrência de nuvens, deverá ser preferencialmente usado para descrever situações de instabilidade atmosférica. A simples presença de nuvens não constitui necessariamente sinal de instabilidade e nem sempre é adversa. Aliás, para quem efectue passeios no campo, os dias nublados são menos propícios à formação de geada e humidade do que os dias de céu limpo, o que tem como efeito que as temperaturas mínimas não são tão baixas e que a humidade junto ao solo é menor. Se se tratar de nuvens baixas, associadas a altas pressões, as condições de observação poderão ser muito aceitáveis, tendo ainda a vantagem de não haver o efeito de "contraluz" causado pela observação de aves que se encontram numa direcção próxima da do sol. As situações de verdadeiro "mau tempo" prendem-se com a passagem de sistemas frontais, que originam vento e precipitação e condicionam a observação de aves.

Quanto às situações de "bom tempo" que surgem durante o Inverno, caracterizam-se geralmente por períodos mais ou menos longo de céu limpo e vento fraco; nestes dias, se o observador se dispuser a enfrentar o frio, um passeio pelo campo pode ser bastante agradável.

A humidade

Ainda que o tempo esteja soalheiro e o ano seja seco, há que ter em consideração que no clima mediterrânico o Inverno é, por natureza, uma estação húmida. A formação de geada e orvalho junto ao solo constituem um factor a ter em consideração, especialmente quando se caminha por zonas com vegetação densa, recomendando-se por isso o uso de calçado apropriado e peúgas grossas, sendo igualmente aconselhável dispor de um par de peúgas suplementar e mesmo de um par de sapatos para muda após a caminhada.

Quanto o tempo húmido prevalece, a humidade manifesta-se sob a forma de precipitação, e consequentemente, aumenta o volume de água no solo e o caudal dos cursos de água, fazendo com que certas zonas fiquem parcial ou totalmente inacessíveis ou tornando indispensável a utilização de meios de transporte alternativos para transpor alguns obstáculos (viaturas todo-o-terreno, barcos).

A caça

Falar de natureza no Inverno é falar de caça. Esta actividade, que conta com inúmeros adeptos no nosso país, constitui um factor de perturbação para as aves e, em muitos casos, para o próprio observador. Se bem que a caça seja praticada de norte a sul do país, o número de caçadores varia grandemente de uns locais para outros, havendo muitos locais onde a prática da caça é generalizada e outras onde é interdita ou meramente residual.

É de referir que nas zonas abrangidas pelo chamado "Regime Livre" (isto é, as que não fazem parte do "Regime Cinegético Especial"), a caça pode ser praticada às quintas-feiras, aos domingos e nos dias feriados nacionais. Estes dias são geralmente menos propícios para a observação de aves, pelo que o sábado se assume como o dia de eleição para a observação de aves, especialmente para aqueles que trabalham e para quem esta actividade constitui uma ocupação de tempos livres. É de notar que a época de caça se estende de Agosto ou Outubro (consoante as espécies) até finais de Fevereiro, pelo que durante a Primavera e início do Verão não é necessário ter estes aspectos em consideração.

A distribuição das aves

Quem já tiver alguma prática de observação de aves na Primavera e efectue algumas saídas durante a estação fria, cedo se aperceberá de algumas diferenças na distribuição das aves: os ninhos e as colónias estão desocupados, as aves tendem a agrupar-se em grandes bandos e deslocam-se para outros tipos de habitat, preferindo zonas abertas, em detrimento de habitats mais fechados.

Esta alteração comportamental está relacionada com a disponibilidade alimentar nos diferentes biótopos e também com a falta de necessidade de defender um território, que muitas aves sentem durante a época dos ninhos.

Claro que estas diferenças não afectam todas as espécies, constituindo apenas uma tendência geral, mas nem por isso deixa de ser interessante observar as alterações comportamentais e a forma como se manifestam mais em determinadas espécies ou em certas regiões.

O silêncio

Para além das mudanças verificadas ao nível da distribuição, é também nítida a redução de actividade vocal evidenciada pela maior parte das aves. Com efeito, grande número de espécies apenas emite vocalizações de carácter territorial (o chamado "canto") durante a época de reprodução; o canto é geralmente emitido apenas pelos machos, com o intuito de atrair as fêmeas e de defender o seu território perante machos concorrentes. Finda a época de nidificação, o "canto" deixa de ser necessário e as aves reduzem a sua actividade vocal que, na maior parte das espécies, fica limitada a pequenos sons ("gritos de alarme" ou "chamamentos"). Este "silêncio" das aves estende-se por quase toda a estação fria e, para o observador, tem como consequência a maior dificuldade em localizar certas espécies de hábitos secretivos que habitualmente são detectadas pelas suas vocalizações. Apesar de tudo, na parte final do Inverno, algumas espécies residentes iniciam a defesa do seu território, com vista à época de nidificação que se aproxima, podendo então ser ouvidas a cantar.

Publicado no jornal ABC Ambiente nº 15, de Novembro de 1999.

O canto dos passarinhos

Qualquer pessoa já teve oportunidade de ouvir os pássaros a cantar. Os mais atentos já terão mesmo reparado que é sobretudo na Primavera que as aves se fazem ouvir mais e que nas manhãs de Outono a Natureza se apresenta muito mais silenciosa. Porque será que isto acontece? Neste pequeno artigo procurar-se-á esclarecer alguns aspectos relacionados com a actividade vocal das aves.

É bem sabido que as aves são excelentes cantoras. Com efeito, quem é que, numa manhã de Primavera, nunca ouviu "os passarinhos a cantar"? No entanto, poucos são os que sabem o que leva as aves a cantar, que é possível identificar as diferentes espécies de aves com base nas suas vocalizações e que algumas espécies imitam o canto de outras.

Cantos ou chamamentos?

Uma das confusões mais frequentes reside na diferença entre canto e chamamento. Com efeito, embora algumas pessoas utilizem indistintamente um e outro termo para designar as vocalizações emitidas pelas aves e outras pessoas utilizam sempre o termo "canto" para qualquer vocalização, existe uma diferença entre ambos.

Assim, o termo "canto" é utilizado para designar uma vocalização, mais ou menos complexa, emitida unicamente pelos machos, enquanto os "chamamentos" podem ser emitidos por qualquer ave, independentemente do seu sexo ou da sua idade.

Vale a pena determo-nos um pouco mais sobre o significado de cada um deste tipo de vocalizações e sobre a sua utilidade.

Comecemos então pelo "canto". Conforme se referiu, este é emitido apenas pelos machos. A sua principal função é a de demarcar um território, com vista a atrair uma fêmea e a afastar outros machos que possam afigurar-se como potenciais competidores.

É interessante constatar que as aves coloniais (como é o caso das garças e de algumas espécies de andorinhas) não cantam. Com efeito, neste caso a noção de "defesa de território" deixa de fazer sentido e muitas vezes esta limita-se à defesa do ninho propriamente dito.

Quanto aos chamamentos, são variadíssimos e a sua utilidade é múltipla: assim, é possível distinguir entre gritos de alarme, chamamentos de contacto, chamamentos de solicitação de juvenis, etc.

Muitas aves emitem chamamentos durante todo o ano.

Os cantos ao longo do ano

Para a grande maioria das espécies, o canto é usado fundamentalmente durante a época de nidificação. Esta varia de espécie para espécie, mas a maior parte das aves nidifica na Primavera, podendo os seus cantos ser ouvidos entre Março e Junho. As espécies ditas residentes (ou seja, as que estão todo o ano entre nós) podem ser ouvidas a cantar sobretudo a partir de Fevereiro ou mesmo finais de Janeiro – é o caso dos chapins, dos tentilhões, dos melros, das cotovias, das toutinegras e dos trigueirões, entre outros. Em Março quase todas as espécies residentes estão a cantar intensamente e a Natureza apresenta-se bastante animada. No entanto, este coro de vozes é aumentado durante o mês de Abril com a chegada de outras espécies migradoras, vindas de África, como os rouxinóis, os papa-figos, algumas felosas, os cucos, as rolas e as andorinhas. Este coro prolonga-se durante a maior parte de Maio, mas no final deste mês algumas espécies como os chapins, começam a fazer ouvir o seu canto menos vezes e ao longo do mês de Junho a maioria das espécies vai-se calando. A partir de Julho as aves estão silenciosas e só o som dos insectos pode ser ouvido nos nossos campos.

Com a chegada do Outono, até os insectos se calam e a Natureza entra na sua fase mais silenciosa.

Identificar as aves pelo canto

Os ornitólogos experientes recorrem muito às vocalizações das aves para as localizar e identificar. Com efeito, o recurso às vocalizações das aves para fins de identificação apresenta algumas vantagens:

- *é bastante fidedigna, uma vez que cada espécie apresenta um repertório característico*

- *é mais segura do que a identificação visual, nomeadamente no caso de espécies muito parecidas que são virtualmente indistinguíveis – é o caso, por exemplo, da maioria das felosas e de algumas toutinegras*

- *permite detectar mais espécies do que a simples observação*

- *permite detectar facilmente diversas espécies que, devido aos seus hábitos secretivos, são difíceis de ver mas podem ser ouvidas com frequência – é o caso da maioria das aves nocturnas, do rouxinol, do frango-d'água ou do torcicolo.*

Apesar do que foi dito, não se pense que a identificação pelos sons é fácil. Esta requer bastante mais experiência do que a identificação visual, uma vez que algumas aves emitem sons parecidos e a probabilidade de engano é maior quando ainda não se conhecem todos os sons; além disso, é importante saber que certas aves, como as cotovias, o rouxinol, o chapim-real, o picanço-barreteiro e o estorninho-preto, conseguem imitar os sons produzidos por outras espécies, dificultando a tarefa de quem pretende identificar os diferentes sons.

Conforme se referiu, no Outono, as aves que ficam entre nós apresentam um comportamento mais discreto, contudo os observadores mais experientes conseguem identificar muitas aves pelos seus gritos de alarme.

Outros ruídos

Para além das vocalizações propriamente ditas (cantos e chamamentos), algumas espécies produzem outros tipos de ruídos. Os mais frequentes são:

- *os estalos com o bico (emitidos, por exemplo, pelas cegonhas-brancas e por algumas espécies de aves de rapina nocturnas; no caso das primeiras, estes estalos encontram-se associados à parada nupcial, enquanto no segundo caso, são usados como ameaça e defesa face a eventuais predadores*

- *o martelar, produzido pelos pica-paus; neste caso, a sua função está relacionada com a defesa de território, uma vez que substitui parcialmente o canto*

- *o bater de asas, produzido pelos noitibós e por algumas rapinas nocturnas; este tipo de ruído também se encontra associado à parada nupcial destas aves*

Alguns destes sons são característicos de determinadas espécies e permitem, em muitos casos, uma identificação segura. Por exemplo, cada espécie de pica-pau possui um martelar diferente. No entanto, tal como sucede com as vocalizações, a identificação das aves com base nestes sons requer bastante experiência.

Publicado no jornal ABC Ambiente nº 29, de Julho e Agosto de 2001.

Porque migram as aves?

É um facto de bem conhecido que as aves efectuam longas viagens por forma a fugirem aos rigores do Inverno e a procurarem refúgio nas chamadas "terras quentes". No entanto, a migração levanta diversas questões cuja resposta não é imediata: porque é que algumas espécies migram para África e outras não? Porque é que as espécies regressam de África na Primavera, se esse continente é quente durante todo o ano? Porque é que geralmente não se vêem as aves a passar nas suas jornadas migratórias? Como é que as aves conseguem regressar ao local onde nasceram? Estas e tantas outras questões permitem-nos antever que a migração das aves é, na verdade, um fenómeno complexo e que, apesar de já ter sido amplamente estudado por numerosos ornitólogos, ainda constitui um mistério sob diversos aspectos.

Um dos aspectos-chave e que frequentemente causa confusão é a ideia de que as aves migram para sul apenas para fugir ao frio. Na realidade, embora a componente climatérica possa influenciar a amplitude da migração de algumas espécies, o principal factor que leva as aves a migrar é a escassez de recursos alimentares durante o Inverno – aliás, para muitas espécies o Inverno significa ausência total de alimento, pelo que a migração se torna obrigatória, qualquer que seja o estado do tempo.

As aves granívoras ou omnívoras são, na sua maioria, residentes, dado que conseguem encontrar alimento durante todo o ano – apenas as populações das regiões mais setentrionais são forçadas a deslocarem-se para sul. Já as aves puramente insectívoras têm dificuldade em sobreviver no Inverno, optando por isso por uma migração de longa distância até atingirem os chamados quartéis de invernada, situados geralmente na África tropical.

A caminho de África

A migração entre a Europa e África constitui uma jornada longa e perigosa, especialmente se tivermos em conta que tem de ser efectuada duas vezes por ano (no Outono e na Primavera). Com efeito, o facto de o continente africano oferecer refúgio e alimento a muitas aves durante o Inverno setentrional, isso não significa que ofereça boas condições de nidificação, quer devido ao clima seco que aí se faz sentir durante certas épocas do ano, quer devido à competição com espécies africanas, que estão mais aptas a explorar os recursos alimentares aí existentes para fins de nidificação. Deste modo, chegada a Primavera, as aves migradoras regressam à Europa.

A estratégia utilizada para a realização da grande viagem varia de umas espécies para outras.

Assim, as chamadas aves planadoras (aves de rapina e cegonhas) procuram aproveitar as correntes térmicas ascendentes para conseguirem percorrer a maior distância possível sem terem de efectuar voo batido, poupando assim as suas energias. Uma vez que estas correntes térmicas só se formam sobre terra firme, as aves evitam atravessar grandes extensões de mar, preferindo as passagens directas entre continentes, tais como o Bósforo (Turquia) ou o estreito de Gibraltar, por forma a minimizarem o esforço de voo.

Muitas aves aquáticas, como as limícolas, têm necessidade de estar sempre próximo de água para se alimentarem, pelo que a sua migração é efectuada sobretudo ao longo da linha de costa, sendo os grandes estuários utilizados como ponto de repouso e de alimentação.

Quanto aos pequenos passeriformes, a sua estratégia passa essencialmente pela acumulação de grandes reservas de gordura, que lhes permita realizar voos longos sem paragens, por exemplo para atravessar grandes extensões de mar ou de deserto. Nestes casos, os "reabastecimentos" são feitos em locais estratégicos, onde a acumulação de reservas alimentares possa ser feita com facilidade. É por este motivo que o Algarve acolhe, no final do Verão, um grande número de migradores.

Note-se que as limícolas e muitos passeriformes migram durante a noite, o que torna muito difícil a observação das aves em migração. No entanto, nas manhãs que se seguem a noites de migração intensa, é notória a presença de migradores em números elevados.

Sobreviver aos rigores do Inverno

A rota de migração entre a Europa e a África tropical não constitui o único eixo de migração das aves europeias. Em Portugal, a chegada do Outono marca não só a partida de muitas aves nidificantes para África, como também a chegada de muitas outras, vindas das regiões nórdicas ou árcticas, que aqui vêm passar o Inverno. É o caso de muitas aves aquáticas, nomeadamente patos, gansos, gaivotas e algumas limícolas. Estas aves, cuja migração se desenrola totalmente dentro da Europa, efectuam muitas vezes migrações na direcção leste-oeste, procurando aproximar-se da faixa costeira – aqui podem encontrar alimento, graças às condições mais amenas, que contrastam com o rigor dos climas continentais, onde os lagos e rios gelam frequentemente, impedindo-as de se alimentarem.

Entre as aves que nidificam no norte da Europa e invernam em Portugal, a anilhagem permitiu determinar que algumas espécies, como o Pisco-de-peito-ruivo, regressam ao mesmo local de invernada ano após ano, estabelecendo assim aquilo que se poderá designar por "território de Inverno". Outras espécies, como os tordos-ruivos, podem escolher áreas de invernada distintas em anos diferentes, por vezes separadas entre si por alguns milhares de quilómetros. Não se sabe o que leva os tordos a seguir diferentes direcções em diferentes anos, mas pelo menos isso explica porque é que nalguns anos se vêem, em Portugal, muito mais tordos do que noutros.

O extremo norte da Europa

Nas regiões árcticas, onde o Inverno é longo e o Verão é breve, as aves regressam tarde (Maio-Junho) e partem cedo (Julho-Agosto), contudo a sua época de nidificação desenrola-se rapidamente, graças aos dias de 24 horas, que permitem aos adultos alimentarem os seus juvenis continuamente, e à superabundância de alimento, causada pela profusão de insectos que aí há nessa época do ano. É aliás esta abundância de alimento durante a curta época estival que leva muitas aves a migrarem até às distantes regiões árcticas, para aí poderem beneficiar das excepcionais condições de nidificação.

Vale a pena referir que, nas distantes regiões nórdicas, certos recursos alimentares apresentam uma abundância fortemente cíclica. É o caso das populações de pequenos roedores, que servem de alimento à coruja-das-neves, ou das sementes de coníferas, que são exploradas pelo cruza-bico. Estas variações de recursos alimentares reflectem-se em grandes flutuações populacionais. Nos anos de abundância de alimento, a população cresce muito, mas quando se segue um ano de escassez alimentar, as aves são forçadas a migrar para sul em grandes números, originando a chamada irrupção. A coruja-das-neves raramente atinge o sul da Europa, mas no caso do Cruza-bico essas irrupções podem abranger o nosso país. As duas invasões mais recentes tiveram lugar no Outono de 1990 e no Outono de 1993 - nesses anos observaram-se muitos cruza-bicos em diversos locais do país, porém nos anos que se seguiram quase não houve observações desta espécie em Portugal.

Publicado no jornal ABC Ambiente nº 22, de Agosto e Setembro de 2000.

Observar aves em Lisboa

Quando pensamos nas aves da cidade, a ideia que nos surge é da uma comunidade de aves composta por pombos, pardais e, talvez, algumas gaivotas. Mas a cidade de Lisboa é um mundo que tem muito mais para oferecer.

Na cidade de Lisboa foram observadas, até hoje, mais de 120 espécies de aves. Destas, muitas são raras ou ocorrem apenas de forma esporádica ou acidental. Contudo, nos limites da cidade é possível encontrar sem dificuldade mais de 70 espécies. Para tal, é necessário realizar observações em diferentes épocas do ano, pois muitas espécies são migradoras e apenas ocorrem em determinados períodos. Além disso, cada espécie tem as suas preferências quanto ao habitat, pelo que, se forem visitadas varas zonas da cidade com diferentes características, há mais possibilidades de detectar um maior número de espécies.

Seguidamente descrevem-se os principais tipos de habitat da cidade de Lisboa, bem como a avifauna que está associada a cada um deles.

Zonas edificadas

Lisboa é hoje uma cidade com uma ocupação humana muito densa, fruto do enorme crescimento urbano que se tem verificado ao longo das últimas décadas.

Nas zonas edificadas, onde a vegetação é escassa ou inexistente, a comunidade de aves é geralmente pouco diversificada. Ainda assim, o observador atento poderá identificar um bom lote de espécies. As duas mais evidentes são os omnipresentes pardais-do-telhado e pombos-domésticos. No entanto, durante a Primavera e o Verão, um pouco de atenção revela facilmente a presença de andorinhões – aves de voo rápido com umas longas asas em forma de foice. Em Lisboa nidificam duas espécies: o andorinhão-preto, que ocupa preferencialmente as zonas mais modernas, e o andorinhão-pálido, que é mais abundante nas zonas antigas da Baixa e do Bairro Alto. Ambas as espécies nidificam nos buracos dos edifícios, por vezes sob as telhas.

Outro habitante característico dos telhados é o rabirruivo-preto. Embora passe muitas vezes despercebido, mercê da sua reduzida dimensão e do ruído envolvente que dificulta a audição do seu canto, esta pequena ave não é de modo algum rara na cidade.

Há também as andorinhas-dos-beirais, que nidificam em colónias e implantam os seus ninhos em edifícios, enquanto as andorinhas-das-chaminés podem, por vezes, ser encontradas a nidificar nas varandas.

Por fim, refira-se a rola-turca, espécie que colonizou o nosso país há pouco mais de 20 anos e é hoje frequente em Lisboa, especialmente em bairros de moradias.

Parques e jardins

Os parques e jardins da cidade abrigam uma variedade interessante de aves, com destaque para os passeriformes.

Nos pequenos jardins (aqueles que, tipicamente, não ocupam mais espaço que o equivalente a um quarteirão), é fácil encontrar pelo menos meia dúzia de espécies que ocupam facilmente zonas verdes, como o chamariz, o verdilhão, o melro-preto, a toutinegra-de-barrete-preto ou o chapim-azul, juntando-se-lhes, no Inverno, o pisco-de-peito-ruivo e a felosa-comum.

Nos parques de maiores dimensões, como o Campo Grande, os jardins da Fundação Calouste Gulbenkian o Jardim da Estrela, onde a vegetação é mais variada apresenta uma estrutura mais complexa, a diversidade é consideravelmente maior, destacando-se a presença de chapim-real, trepadeira-comum, pintassilgo ou carriça, para além de todas as espécies que frequentam os pequenos jardins.

Nos jardins da Fundação Gulbenkian, onde existe um lago, é frequente a presença de galinha-d'água e de alvéola-branca, tendo-se já observado o guarda-rios neste local.

Baldios

Apesar da expansão urbana, a verdade é que ainda existem, na capital, diversos terrenos, conhecidos por baldios, que não têm actualmente outro aproveitamento, podendo estar limpos ou cobertos por erva seca. Encontram-se em diversas zonas não edificadas, com destaque para a zona envolvente da segunda circular e do aeroporto, mas também no vale de Chelas, por exemplo.

Estas zonas são as melhores para encontrar espécies de espaços abertos, como a garça-boieira, o peneireiro-vulgar, a fuinha-dos-juncos e, por vezes, andorinhas-das-chaminés em alimentação. No Inverno, é também possível observar a petinha-dos-prados.

Monsanto

O Parque Florestal de Monsanto, por muitos chamado "pulmão da cidade", constitui a maior mancha florestal do concelho. Apesar da presença de tráfego automóvel em quantidades muito elevadas, esta zona apresenta algum interesse para a observação de aves, especialmente nos locais mais afastados das principais vias de comunicação.

Entre as espécies que podem ser encontradas regularmente neste parque florestal, destacam-se: a rola-comum, o pombo-torcaz, o gaio, o chapim-carvoeiro, o estorninho-preto e ainda a estrelinha-de-cabeça-listada.

Anexa ao Parque de Monsanto, a Tapada da Ajuda alberga também uma variedade considerável tem o atractivo de ter relativamente pouca perturbação por carros. Para além das espécies presentes em parques e jardins, já aqui foram observadas outras espécies menos frequentes, como o mocho-galego, o pica-pau-malhado-grande, a perdiz-comum ou o tentilhão, este último apenas como invernante.

A zona ribeirinha

A descrição da avifauna da cidade não ficaria completa sem uma referência à margem do Tejo, já que esta zona contribui, em muito, para a elevada diversidade avifaunística da cidade, devido à ocorrência de aves aquáticas.

As espécies mais fáceis de detectar nesta zona são, naturalmente, as gaivotas. Estas ocorrem um pouco por toda a zona ribeirinha, podendo observar-se duas espécies comuns (o guincho e a gaivota-d'asa-escura) e, ocasionalmente, outras espécies.

Outras espécies observadas com regularidade a voar sobre o rio são: o corvo-marinho-de-faces-brancas e diversas espécies de andorinhas-do-mar.

Contudo, a zona com maior diversidade de aves aquáticas é a parte oriental da cidade, situada entre o Parque das Nações e o Parque do Tejo (este último já no concelho de Loures). Vale a pena percorrer a pé a zona entre a Torre Vasco da Gama e a Ponte com o mesmo nome, principalmente na maré baixa. Aqui é frequente a presença de garças-reais e garças-brancas-pequenas, bem como de diversas espécies de limícolas. Ocasionalmente, ocorrem aqui espécies interessantes, como o colhereiro, o flamingo e o pato-real.

Na zona de Alcântara, mais precisamente nas docas, vale a pena perscrutar os pilares da ponte 25 de Abril, onde nos últimos anos tem sido avistado com regularidade o falcão-peregrino.

Algumas curiosidades

Para além das espécies referidas no texto, há muitas outras que podem ser observadas na capital, mas apenas de forma irregular ou em números reduzidos.
Eis algumas delas:

- Goraz ou Garça-nocturna – nidifica (ou nidificava) em liberdade no zoo de Lisboa; observado ocasionalmente em lagos, por exemplo na Av. da Liberdade ou no jardim da Fundação Gulbenkian, durante o Verão.
- Cegonha-branca – há 25 anos nidificava no Campo Grande, actualmente apenas surge esporadicamente na cidade.
- Alfaiate – observado com regularidade na zona ribeirinha, junto ao Parque das Nações.
- Gaivota-de-cabeça-preta – espécie de hábitos pelágicos, penetra por vezes no estuário, especialmente quando está mau tempo; já foi observada junto à Praça do Comércio.
- Coruja-do-mato – espécie nocturna, de difícil detecção; existem várias observações em Monsanto e no Jardim Botânico.
- Papa-moscas-preto – frequente durante a passagem migratória outonal, especialmente na Tapada da Ajuda, por vezes também em pequenos jardins.
- Chapim-rabilongo – observado esporadicamente em Monsanto e nas zonas adjacentes.

Publicado no jornal Quercus Ambiente nº 15, de Setembro de 2005.

A várzea de Loures

Outrora uma pequena vila na chamada "zona saloia", Loures é hoje sede do quinto concelho mais populoso de Portugal. Apesar do forte crescimento urbanístico que se tem verificado nesta zona, ainda é possível encontrar alguns bons locais para observar aves selvagens.

O concelho de Loures estende-se desde Moscavide, às portas de Lisboa, para norte até Santa Iria da Azóia, depois para noroeste passando por Bucelas e para sul até Santo António dos Cavaleiros e Frielas. Este concelho é bastante rico em aves, em parte devido em parte ao facto de se situar na margem do Tejo (este concelho abrange o chamado "Parque do Tejo", situado na extremidade norte do Parque das Nações). Contudo, e apesar do especial interesse do Parque do Tejo para a observação de aves, este é um local que actualmente não suscita grandes preocupações a nível de conservação e que é utilizado por um grande número de aves aquáticas, sobretudo no Outono e no Inverno. Pelo contrário, na parte "interior" concelho de Loures existem diversos outros locais e habitats menos conhecidos mas que se encontram numa situação bastante mais frágil e que requerem alguma atenção. Assim, no presente texto abordar-se-á a zona conhecida por "várzea de Loures", que compreende o vale do rio de Loures, até ao seu limite oriental do concelho, onde ele desagua no rio Trancão.

Na várzea de Loures, existem diversos habitats agrícolas e urbanos, cada qual com a respectiva avifauna. O principal destaque vai para três pequenos pauis que, apesar do seu avançado estado de degradação (causada pela existência de lixo e entulho e pela pressão urbanística envolvente), ainda albergam diversas espécies de aves aquáticas, sendo actualmente um dos locais mais próximos de Lisboa para observar diversas espécies de aves.

As zonas urbanas

Embora não sendo o habitat mais interessante do ponto de vista da conservação da natureza, a malha urbana é utilizada por diversas espécies de aves. Para além do clássico e ubíquo pardal-comum, são de referir a rola-turca (que nidifica no Bairro do Fanqueiro) e a andorinha-dos-beirais (desta espécie existem várias dezenas de ninhos na Urbanização do Infantado). As zonas verdes, como pequenos jardins públicos ou avenidas arborizadas, são utilizadas pelo chamariz e pelo verdilhão. Já o rabirruivo-preto, que não é especialmente comum nesta região do país, pode ser ouvido a cantar, especialmente nos estaleiros dos prédios que estão em construção – possivelmente aproveita as cavidades existentes nas estruturas para aí nidificar. Outras espécies que se aproveitam dos estaleiros são o estorninho-preto, o peneireiro-vulgar e o mocho-galego – todas estas espécies já foram vistas a pousar nas gruas das obras!

Os terrenos agrícolas

Uma parte substancial da várzea de Loures encontra-se classificada como RAN (Reserva Agrícola Nacional) e esse facto tem permitido que alguns terrenos tenham permanecido por edificar até à presente data. Estes terrenos são frequentados por diversas espécies de aves terrestres, das quais se destaca a muito comum fuinha-dos-juncos, que durante a Primavera faz ou vir o seu canto cadenciado. Outros passeriformes que são comuns nestes habitats incluem o pintassilgo, o chamariz e o melro-preto, variando a abundância destas espécies com o tipo de vegetação e as culturas praticadas culturas. Os andorinhões-pretos e os seus congéneres andorinhões-pálidos são frequentemente vistos a voar baixo sobre a várzea, especialmente ao fim da tarde, enquanto caçam insectos no ar. Na estação fria, as zonas agrícolas são frequentadas por rebanhos de ovelhas, aos quais se associam frequentemente inúmeras garças-boieiras e também algumas alvéolas-brancas. Por vezes, após períodos de precipitação mais ou menos intensa, estes terrenos ficam parcialmente encharcados, surgindo então diversas espécies de aves aquáticas, como a garça-real, a garça-branca-pequena, o pato-real e, mais raramente, a cegonha-branca, o pernilongo e o tartaranhão-ruivo-dos-pauis.

Os três pauis

Porventura os sítios mais interessantes do ponto de vista ornitológico são os três pequenos pauis existentes na várzea. São eles: o paul das Caniceiras, o paul do Tojal e o paul da Granja. Os três pauis situam-se ao longo da estrada nacional 115, a leste de Loures. Nenhum deles se encontra sinalizado.

O **paul das Caniceiras** fica cerca de 2 km a leste da urbanização do Infantado. Neste existe uma mancha importante de vegetação aquática do tipo herbáceo, que é usada como refúgio por diversas espécies de aves aquáticas, entre elas a galinha-d'água e o galeirão. Entre os passeriformes, refira-se o rouxinol-bravo, que ocorre geralmente perto de água e nidifica nas zonas de vegetação mais densa. Este local é, por vezes, frequentado por algumas aves exóticas, como o tecelão-de-cabeça-preta e o bico-de-lacre.

O **paul do Tojal**, o mais pequeno dos três pauis, fica perto da localidade de Santo Antão do Tojal, em frente a uma fábrica de sebo denominada "Sebol". Apesar das suas reduzidas dimensões, este paul é frequentado pelo rouxinol-bravo e, na Primavera, pelo rouxinol-grande-dos-caniços. A vegetação densa também proporciona abrigo a aves aquáticas de maiores dimensões, como o pato-real e a galinha-d'água[1]. Nas imediações existem alguns pequenos olivais, onde ao fim da tarde se pode ouvir o mocho-galego.

O **paul da Granja** é o maior, o mais acessível e também o mais interessante dos três. Fica junto à estrada municipal, mesmo à entrada da localidade da Granja, já no concelho de Vila Franca de Xira. Tem mais de 300 metros de extensão, contendo ainda boas manchas de caniço e tabua e alberga habitualmente uma

---

[1] Em 2010 este paul secou, possivelmente devido a drenagem do local, pelo que algumas das espécies referidas no texto deixaram de encontrar aqui condições favoráveis.

diversidade considerável de aves aquáticas, incluindo galeirões, galinhas-d'água, patos-reais, mergulhões-pequenos e garças-vermelhas (estas últimas são, provavelmente, oriundas da colónia existente no vizinho estuário do Tejo). Uma das especialidades do paul da Granja é o garçote, pequeno ardeídeo que desapareceu de algumas das principais zonas húmidas portuguesas mas que continua a poder ser visto neste pequeno paul. Outras espécies de aves aquáticas que aqui ocorrem com regularidade incluem o frango-d'água e o pernilongo. Entre as rapinas, para além dos habituais peneireiros é de referir o tartaranhão-ruivo-dos-pauis, que surge por vezes neste local. No Inverno podem ser vistos pequenos bandos de narcejas ou de garças-reais e, ocasionalmente, algum corvo-marinho-de-faces-brancas. As manchas de vegetação aquáticas são frequentadas pelo guarda-rios, pelo e rouxinol-grande-dos-caniços e por pequenos bandos de bicos-de-lacre.

No conjunto, tendo em conta a proximidade à capital e a intensa pressão a que se encontra sujeita, pode dizer-se que a várzea de Loures proporciona oportunidades bastante interessantes para ver aves. Espera-se que estas pequenas zonas húmidas consigam resistir à intensa pressão urbana dos tempos modernos e possam continuar a servir de refúgio para a avifauna e, quem sabe, tornar-se mais conhecidas como local de observação de aves.

Publicado no jornal Quercus Ambiente nº 30, de Julho e Agosto de 2008

A importância dos estuários

Todos os anos, milhares de aves aquáticas oriundas no Norte da Europa e da Sibéria utilizam os nossos estuários como ponto de repouso e alimentação durante a migração ou como área de invernada. Algumas áreas, como o Estuário do Tejo, albergam uma quantidade tão grande de aves, que assumem uma posição de relevo quando se fala de conservação.

Mas afinal o que é que faz os estuários actuarem como ímanes para tantas e tão diversas aves selvagens?

Abundância de alimento

Por estarem sujeitos à acção das marés, os estuários compreendem normalmente algumas áreas que emergem apenas durante a baixa-mar e que durante a preia-mar se encontra submersa. Estas áreas, conhecidas por zonas entre-marés, são frequentemente constituídas por lamas ou lodos, onde habitam milhares de pequenos invertebrados, os quais servem de alimento a numerosas espécies de aves, especialmente aves limícolas, mas também a garças e a outras espécies de aves aquáticas. As limícolas compreendem diversas espécies, incluindo pilritos, maçaricos, borrelhos, tarambolas, fuselos e alfaiates, entre outras espécies. Os estuários albergam também patos, que se alimentam de vegetação aquática, e ainda mergansos, corvos marinhos, gaivotas e andorinhas-do-mar, que se alimentam de peixe.

Durante a preia-mar, as aves abandonam estas zonas e concentram-se nos chamados refúgios. Estes situam-se em zonas de vegetação, geralmente na periferia do estuário ou em pequenas ilhas. As salinas são também utilizadas como local de repouso e, por vezes, de alimentação. Algumas espécies, como os pernilongos, preferem mesmo as salinas como local de alimentação, sendo rara a sua presença em zonas de lamas entre-marés.

Os estuários mais importantes

No nosso país, as três zonas húmidas costeiras mais importantes para as aves aquáticas são o estuário do Tejo, o estuário do Sado e a ria Formosa. Estas três áreas são objecto de protecção, sendo que as duas primeiras são Reservas Naturais e a terceira, que não é um verdadeiro estuário, tem o estatuto de Parque Natural.

O conceito de importância prende-se aqui com a dimensão das populações de aves que utilizam as referidas áreas, todas elas utilizadas por 30000 a 60000 aves aquáticas invernantes.

No caso do estuário do Tejo, merecem destaque os alfaiates, dado que esta zona alberga no Inverno mais de 70% da população que inverna em território nacional (6000 a 8000 aves). Também aqui ocorrem em grande número os flamingos, os patos e os maçaricos-de-bico-direito.

O estuário do Sado, apesar de menos conhecido por comparação com o anterior, é também de importância fundamental para as aves. Para além de acolher grande número de alfaiates, esta zona alberga também a maior parte das populações invernantes de mergulhões-de-pescoço-preto e de mergansos-de-poupa do nosso país. Estas aves não frequentam geralmente as lamas entre-marés, preferindo as zonas de águas mais profundas ("calas") para procurarem os peixes de que se alimentam.

Quanto à ria Formosa, é particularmente importante para a invernada de várias espécies de limícolas, nomeadamente pilritos e borrelhos.

Para além das três áreas acima referidas, existem ainda muitas outras que albergam populações invernantes de aves aquáticas. É o caso do estuário do Minho, da ria de Aveiro, da foz do Mondego, da lagoa de Santo André, da ria de Alvor e do sapal de Castro Marim. Apesar de as populações envolvidas serem de menor dimensão, a preservação destas zonas húmidas não deverá ser menosprezada, uma vez que os habitats com estas características são cada vez mais raros, mercê das sucessivas transformações de que as zonas húmidas têm sido alvo.

As contagens de Janeiro

Todos os anos são realizados censos de aves aquáticas nas principais zonas húmidas da Europa. Em Portugal, esta acção é coordenada pelo Instituto de Conservação da Natureza (ICN)[2]. Os censos têm sempre lugar no mês de Janeiro que, por corresponder ao meio do Inverno, é um mês em que quase não há movimentos migratórios; deste modo, as aves observadas em cada zona húmida são, quase sempre, indivíduos que se encontram a invernar naquela zona.

Os dados recolhidos ao longo de vários anos permitem inferir sobre as variações das populações das várias espécies, bem como da variação da importância de cada zona húmida para a invernada de aves aquáticas, num contexto nacional e internacional.

Note-se que a importância dos estuários não está limitada ao Inverno. Com efeito, o número de aves que utiliza este estuário em migração é igualmente importante e, nalguns casos, muito superior. Por exemplo, as seixoeiras, os combatentes e os pilritos-de-bico-comprido invernam sobretudo em África e podem ser vistos em grande número durante as passagens migratórias (de Março a Maio e novamente de finais de Julho a Outubro). No entanto, não existem contagens regulares de aves aquáticas durante as épocas de migração, uma vez que nestas épocas a rotatividade de aves é muito grande, dificultando grandemente a obtenção de estimativas fiáveis sobre o número de aves envolvidas.

O caso dos flamingos

Os flamingos do estuário do Tejo são hoje bem conhecidos e muitos são os que já tiveram oportunidade de ver estas

---

[2] Actualmente Instituto da Conservação da Natureza e das Florestas (ICNF).

magníficas aves alimentando-se nas lamas em frente a Alcochete ou repousando nas salinas junto à Ponte Vasco da Gama. No entanto, a origem e o padrão de vida destes flamingos é não só invulgar como também algo misterioso.

A ocorrência de flamingos em Portugal é um fenómeno recente. Com efeito, até há cerca de 20 anos atrás a espécie era considerada raríssima em Portugal e só no início da década de 80 foram feitas as primeiras observações recentes desta espécie, no estuário do Tejo, sobretudo no Outono. Nos anos que se seguiram, a espécie tornou-se gradualmente mais numerosa e deixou de ser uma ocorrência estritamente outonal para passar a estar presente na área durante todo o ano. Simultaneamente, começou a ser observada noutros locais, tais como o estuário do Sado, a ria Formosa ou o sapal de Castro Marim. Nos últimos anos, já foram feitas observações da espécie em numerosas zonas húmidas, desde a ria de Aveiro ou a foz do Mondego até à lagoa de Santo André e até a algumas barragens do interior alentejano.

Apesar da regularidade com que tem sido observado, o Flamingo não parece reunir condições para nidificar entre nós. As muitas aves anilhadas que têm sido observadas são oriundas das colónias espanholas e francesas, contudo o padrão de migração desta espécie permanece ainda hoje um mistério. De facto, não parece haver uma rota de migração bem definida e será talvez mais adequado falar de "dispersão"; as datas principais de ocorrência da espécie no nosso país apresentam também algumas variações irregulares, embora o número de indivíduos observados seja claramente mais elevado for a da época de nidificação, especialmente em Outubro.

Publicado no jornal ABC Ambiente nº 17, de Fevereiro de 2000.

O grande santuário nacional

O estuário do Tejo é provavelmente a zona húmida mais importante de Portugal e uma das dez mais importantes da Europa. Classificado como reserva natural desde 1976, o estuário do Tejo destaca-se pelo património natural que alberga e a sua importância traduz-se especialmente na diversidade e na quantidade de aves selvagens.

Quase toda a gente já ouviu falar dos flamingos do Tejo, das salinas do Samouco ou da Reserva Natural. No entanto, poucos sabem o que é que torna o estuário do Tejo tão importante. Com efeito, o património natural do estuário vai muito para além dos flamingos e traduz-se numa enorme e variada comunidade de aves. Ao contrário de outras áreas, que apenas são importantes para as aves numa dada época do ano, o estuário do Tejo reúne condições favoráveis durante todo o ano, sendo por isso utilizada por aves nidificantes, invernantes e migradoras de passagem.

Merece destaque o grande número de aves aquáticas, que aqui ocorrem em números importantes e que justificam o estatuto de Reserva Natural. Muitas destas aves tiram partido do ciclo diário das marés para escolherem o seu período de alimentação. Quando está maré baixa, alimentam-se no estuário propriamente dito, particularmente nas zonas de lodos que ficam expostas, procurando pequenos invertebrados. Quando a maré sobe, estas zonas ficam imersas e as aves refugiam-se nos sapais circundantes ou nas salinas. Assim, se se visitar um complexo de salinas durante a preia-mar, é frequente encontrar grandes bandos de limícolas, mas se a visita for feita durante a maré baixa o número de aves nas salinas é geralmente reduzido.

Uma diversidade notável

A variedade de espécies de aves que ocorrem no estuário do Tejo é enorme. Basta referir que já aqui foram registadas mais de 240 espécies de aves, o que faz desta zona húmida um dos locais de Portugal. É claro que esta diversidade não é constante, uma vez que certas espécies apenas estão presentes durante uma parte do ano: algumas são estivais e regressam a África no Outono, enquanto outras são apenas invernantes; outras há que são migradoras de passagem e algumas são apenas acidentais (isto é, não ocorrem todos os anos). Apesar destas flutuações, num dia normal de visita ao estuário é possível observar facilmente 80 a 90 espécies de aves; em certas épocas do ano, e com alguma paciência, é possível observar mais de 100 espécies num só dia - como curiosidade, poderei referir que, em Agosto de 1990, observei 104 espécies no estuário do Tejo e nas zonas circundantes.

Esta grande diversidade de aves resulta, em boa medida, da diversidade de habitats existentes. Entre os biótopos mais representativos do estuário do Tejo refiram-se as lamas estuarinas, os sapais, os açudes, os campos de arroz, os terrenos agrícolas, as pastagens, as valas, os caniçais, os montados, os pinhais e as matas ribeirinhas. Cada biótopo alberga uma avifauna característica.

"Resmas" de aves aquáticas

Para além da sua elevada diversidade, o estuário do Tejo destaca-se também pela quantidade de aves que alberga, particularmente de aves aquáticas.

As aves que fazem deste estuário uma zona com importância nacional e internacional são sobretudo os patos e as limícolas. De entre os patos destacam-se, pelo seu elevado efectivo, o pato-trombeteiro, a marrequinha e a piadeira e, nas limícolas, o alfaiate, o pilrito-comum, o perna-vermelha e o maçarico-de-bico-direito, todos com vários milhares de indivíduos. Também o ganso-bravo e flamingo aqui ocorrem em quantidades importantes. Devido à importância desta zona húmida para as aves aquáticas, todos os anos são aqui efectuadas, no mês de Janeiro, contagens das populações invernantes de diversas espécies de aves, nomeadamente limícolas, patos, gansos, flamingos e corvos-marinhos, entre outras. O objectivo destas contagens é o de permitir monitorizar, a longo prazo, a tendência populacional das aves. Assim, sabe-se por exemplo que os flamingos e os gansos têm vindo a aumentar, mas que as populações de certas limícolas têm vindo a diminuir. A razão da escolha de Janeiro para a realização das contagens prende-se com o facto de ser geralmente neste mês que as populações invernantes atingem o seu máximo, uma vez que em Novembro-Dezembro ainda há aves a chegar e em Fevereiro algumas já estão de partida.

Um santuário ameaçado

Apesar do seu reconhecido valor natural, o estuário do Tejo tem vindo a ser alvo de inúmeras pressões, que ameaçam o seu património mais valioso, em particular as suas aves. Entre os principais problemas que afectam as comunidades de aves, são de referir:

- *a destruição de habitats de reconhecido valor ecológico para dar lugar à criação de habitats mais pobres, como a transformação de montados em culturas de regadio ou a conversão de salinas em pisciculturas;*

- *a caça furtiva, que muitas vezes é praticada dentro dos limites desta área protegida e resulta amiúde no abate de espécies protegidas, como o flamingo;*

- *a poluição das águas do rio e dos terrenos agrícolas, nomeadamente com produtos químicos, que provocam a contaminação das cadeias alimentares;*

- *a pressão urbanística, que se faz sentir, desde há várias décadas, ao longo da margem norte e que ganhou um novo alento na margem sul, depois da inauguração da Ponte Vasco da Gama;*

- *o aumento do tráfego automóvel na periferia da reserva, que resulta em numerosos atropelamentos, especialmente de aves de rapina nocturnas.*

Esta longa lista de problemas permite constatar que a preservação do riquíssimo património natural que o estuário do Tejo alberga só será possível se forem tomadas medidas que permitam contrariar a tendência de regressão que tem sido evidenciada por algumas espécies.

Visitar o estuário do Tejo

Existem vários percursos alternativos para visitar o estuário do Tejo. Cada um deles permite visitar habitats diferentes e, consequentemente, observar diferentes espécies de aves. De uma forma geral é possível identificar três grandes áreas (ver mapa):

1. Lezírias – situam-se na parte norte do estuário e formam uma área triangular, limitada pelos rios Tejo e Sorraia e pela E.N.10, que liga Vila Franca de Xira ao Porto Alto (ao longo da chamada "recta do Cabo"). É uma área totalmente plana e quase sem árvores. Existem várias estradas, que permitem percorrê-la em toda a sua extensão. Nesta zona é possível observar várias espécies de garças, patos, limícolas, codornizes, rouxinóis-dos-caniços e cotovias.

2. Pancas – esta zona, situada entre Porto Alto e Alcochete, constitui o coração da reserva - aliás uma parte encontra-se classificada como Reserva Integral. Aqui há complexos de salinas, terrenos agrícolas e zonas florestais de montado e pinhal, podendo observar-se várias espécies de aves de rapina e diversas aves florestais, como chapins, tentilhões e pica-paus.

3. Samouco – esta é a parte sul, situada entre Montijo e Alcochete. Composta essencialmente por salinas, é excelente para observar limícolas, garças, flamingos, gaivotas. Perto de Alcochete existem também diversos pontos que oferecem vista sobre o estuário e onde, durante a maré baixa, é possível observar as aves em alimentação.

Antes de visitar o estuário, é útil consultar uma tabela de marés, por forma a saber se as aves estarão sobretudo nas zonas lodosas do estuário (baixa-mar), ou nas salinas (preia-mar).

Publicado no jornal ABC Ambiente nº 30, de Setembro de 2001.

Estuário do Sado

Situado entre Setúbal e Alcácer do Sal, o estuário do rio Sado é o segundo maior de Portugal (ultrapassado em dimensão apenas pelo do Tejo). Do ponto de vista ornitológico, é indubitavelmente um dos locais mais interessantes do país, sendo por isso um local a considerar por qualquer observador de aves.

O estuário do Sado foi declarado Reserva Natural em 1980. Actualmente conta com uma área aproximada de 23160 hectares, cobre o estuário propriamente dito e alguns terrenos circundantes. Devido às populações de aves aquáticas que acolhe, é uma área de importância nacional e internacional.

Em termos geográficos, o estuário pode ser dividido em quatro zonas distintas:

- *a zona norte (situada na margem direita, entre Águas de Moura e Setúbal) é composta essencialmente por sapal e salinas, que alternam com zonas edificadas, actualmente ocupadas por indústria pesada, armazéns e algumas habitações dispersas;*

- *a zona leste (situada na margem direita, entre Águas de Moura e Alcácer do Sal) compreende principalmente montado de sobro e pinhal, havendo também diversas zonas de arrozal; as zonas habitadas são escassas; fica nesta zona a famosa "Herdade do Pinheiro"*

- *a zona sul (situada na margem esquerda, entre Alcácer do Sal e a Comporta) é dominada por pinhais de pinheiro-manso e arrozais; há alguns aglomerados populacionais, como Cachopos, Monte Novo e Comporta*

- *a zona oeste (situada na margem esquerda, entre Comporta e Ponta do Adoxe) compreende a chamada Península de Tróia; aqui o habitat mais importante é formado por um sistema dunar, onde as formações vegetais são essencialmente arbustivas; contudo, na metade norte existem alguns eucaliptais e pinhais, havendo também uma crescente pressão urbanística na zona de Tróia*

A estas quatro zonas somam-se as chamadas águas livres do estuário, que ocupam toda a área central. Durante a maré cheia, o estuário forma uma massa de água quase uniforme, mas na maré baixa muitas zonas de lodos ficam expostas e a água forma uma rede de canais.

Avifauna

O estuário do Sado é uma das zonas com maior diversidade avifaunística de todo o país, tendo já aqui sido registadas mais de 250 espécies de aves. Esta zona húmida assume particular relevância como zona de passagem e invernada para grande número de aves aquáticas, em particular anatídeos (patos) e limícolas. Seguidamente, descreve-se, de forma resumida, a avifauna característica dos vários habitats.

As águas livres do estuário propriamente dito constituem a principal zona de invernada em Portugal do mergulhão-de-pescoço-preto e do merganso-de-poupa, enquanto os lodos das zonas entre-marés albergam grande número de flamingos, alfaiates, fuselos, maçaricos-de-bico-direito, tarambolas-cinzentas, borrelhos, pilritos-comuns, pernas-vermelhas, pernas-verdes e maçaricos-reais. Durante os períodos de passagem migratória, ocorrem igualmente seixoeiras, pilritos-de-bico-comprido, pilritos-pequenos e maçaricos-galegos.

Ao longo da orla do estuário existem diversos diques, que protegem os terrenos circundantes dos efeitos das marés e das cheias. Esses terrenos são constituídos, na sua maioria, por arrozais, onde na Primavera se alimentam as garças, as andorinhas e que são um bom local para procurar a alvéola-amarela; no Outono e no Inverno, estes campos de arroz apresentam-se sob a forma de restolhos, sendo possível encontrar aí a narceja-comum, a laverca, a petinha-ribeirinha e o pisco-de-peito-azul.

Nos caniçais é possível encontrar na Primavera a garça-vermelha, o rouxinol-pequeno-dos-caniços, o rouxinol-grande-dos-caniços e no Inverno o pisco-de-peito-azul, o chapim-de-faces-pretas e a escrevedeira-dos-caniços.

As zonas florestais que circundam o estuário são constituídas essencialmente por sobreiros e pinheiros (bravos e mansos). Entre as espécies mais abundantes neste tipo de habitat, podemos assinalar o pica-pau-malhado-grande, a cotovia-arbórea, o chapim-de-poupa, a trepadeira-azul, a trepadeira-comum, a pega-azul e a escrevedeira-de-garganta-preta. Devido à baixa densidade da ocupação humana, o habitat encontra-se de uma forma geral bem preservado, por isso também aqui ocorrem outras espécies menos frequentes, como o pica-pau-malhado-pequeno, a felosa-de-bonelli e o bico-grossudo.

O concelho de Alcácer do Sal, o segundo maior do país e que se situa, em grande parte, no estuário do Sado e nas zonas circundantes, é particularmente importante pela sua população nidificante de cegonha-branca: com 570 casais, é o concelho do país com maior número de casais nidificantes, representando 7,5% da população nacional desta espécie.

Planear uma visita ao estuário do Sado

Para visitar o estuário do Sado, convém dispor de, pelo menos, meio dia se apenas quiser visitar uma das margens do estuário, sendo possível encontrar 60 a 70 espécies sem grande dificuldade. Se pretender visitar as duas margens, é necessário contar com um dia inteiro, e neste caso o número de espécies observadas poderá situar-se entre as 80 e as 90. Em certas épocas do ano, particularmente durante os períodos de passagem migratória, é mesmo possível atingir a barreira das 100 espécies num dia. Convém ter presente que para observar um número elevado de espécies é necessário visitar os diferentes habitats.

Para visitar a margem direita, sugere-se que parta de Setúbal para leste seguindo sempre junto ao rio, até ao complexo industrial onde se situam os estaleiros da Lisnave. Junto a este local existem alguns complexos de salinas e zonas de sapal, que são bons para observar limícolas e outras aves aquáticas.

Voltando a Setúbal e seguindo para leste ao longo da EN 10, vale a pena parar na zona do Zambujal, especialmente junto à velha ponte do comboio, sobre a Ribeira da Marateca. Aqui é um bom local para observar o alfaiate, o merganso-de-poupa e o mergulhão-de-pescoço-preto (no Inverno), e diversas espécies de limícolas durante as épocas de passagem migratória (Primavera e Outono).

Prosseguindo para sul a partir da Marateca ao longo da EN 5, pode virar-se para a Herdade do Pinheiro ao fim de 4km. Esta zona é constituída principalmente por habitats florestais de sobreiro e pinheiro e tem uma avifauna bastante variada. Contudo, dado tratar-se de uma propriedade privada, é aconselhável obter autorização prévia para entrar na Herdade.

Para visitar a margem sul, sugere-se que se efectue a travessia entre Setúbal e Tróia usando o *ferryboat*. Prossegue-se depois pela EN 253-1 até à Comporta, sem deixar de fazer uma paragem depois de terminada a zona urbanizada, para obter uma vista geral sobre o estuário e procurar flamingos, patos e limícolas. Ao chegar à Comporta, toma-se o primeiro caminho de terra à esquerda, que conduz à Península da Carrasqueira. Nesta zona o habitat é principalmente constituído por arrozais, mas no extremo norte existem algumas lagoas com caniço.

Voltando à Comporta, pode continuar-se para leste ao longo da EN 253, parando no Açude da Murta, onde na Primavera existe uma interessante colónia de garças-boieiras e garças-brancas. Ao longo da estrada vêem-se pegas-azuis, gralhas-pretas e, por vezes, algumas aves de rapina.

Antes de Alcácer do Sal, sugere-se uma paragem nas salinas da Batalha, onde na maré-cheia é possível encontrar diversas espécies de limícolas.

Atenção: muitos dos caminhos que existem nesta zona são bastante arenosos, havendo um risco de ficar atolado. Assim, aconselha-se o máximo cuidado na condução fora das estradas asfaltadas.

Publicado no jornal Quercus Ambiente nº 13, de Março e Abril de 2005.

O montado e as suas aves

De entre todos os habitats existentes em Portugal, o montado é certamente um dos mais importantes, não só por ser constituído por formações vegetais que ocupavam originalmente o nosso território, como também pela riqueza e pela diversidade da sua avifauna. Por estes motivos, o montado é um património a preservar.

O montado forma um dos habitats mais característicos do nosso país. É constituído por bosques de sobreiros ou azinheiras, onde o estrato arbustivo é praticamente inexistente e o espaço é aproveitado para uso múltiplo, nomeadamente pecuária extensiva ou culturas de sequeiro.

Quando a árvore dominante do montado é o sobreiro (*Quercus suber*), a formação designa-se por montado de sobro, quando o povoamento é dominado por azinheiras (*Quercus rotundifolia*), designa-se por montado de azinho. Em certas zonas as duas espécies ocorrem em simultâneo, falando-se neste caso de um montado misto. Devido ao aproveitamento do montado para os fins agrícolas acima descritos, este é considerado um sistema agro-florestal.

Aos bosques cujo estrato arbustivo (ou sub-bosque) se encontra bem desenvolvido dá-se a designação de sobreirais ou azinhais (consoante a árvore dominante seja o sobreiro ou a azinheira, respectivamente); embora estas formações sejam por vezes designadas por montado, tal designação é incorrecta, uma vez que se trata de um sistema florestal e não agro-florestal. No entanto os sobreirais e azinhais puros são cada vez mais escassos e em muitos casos o sub-bosque encontra-se muito fragmentado ou degradado.

O montado ocupa uma grande parte do território a sul do Tejo, ocorrendo em menor grau na Beira interior e ainda em algumas áreas da terra quente transmontana. Nas zonas do Ribatejo, do litoral alentejano e do interior norte predomina o montado de sobro, enquanto o montado de azinho é mais representativo das zonas de características mediterrânicas, como o interior alentejano e a Beira Baixa. Note-se contudo que existe alguma sobreposição e que, em muitas regiões, podem ser encontrados os dois tipos de montado.

Chapins, trepadeiras, pica-paus e não só...

O montado alberga uma comunidade de aves vastíssima, sendo, sem qualquer dúvida, um dos habitats mais ricos de Portugal, no que à diversidade avifaunística diz respeito.

Uma das famílias mais características do montado é a dos chapins, aves de hábitos arborícolas que raramente vêm ao solo. O chapim-real e o chapim-azul são os mais abundantes, enquanto o chapim-de-poupa e o chapim-rabilongo podem ser encontrados em menores números. Também as trepadeiras constituem uma "imagem de marca" dos montados, podendo ser encontradas duas espécies: a trepadeira-comum, que se encontra bem distribuída, e a trepadeira-azul, mais selectiva e restrita aos montados mais densos. Outra família tipicamente florestal é a dos pica-paus, que em Portugal se encontra representada por três espécies – todas elas habitantes do montado: o pica-pau-malhado-grande (o mais comum), o pica-pau-verde (comum, especialmente em montado pouco denso ou com clareiras) e o pica-pau-galego (pouco comum).

Outras espécies características do montado e que ocorrem neste habitat em boas densidades são: a poupa, a cotovia-arbórea, o melro, a tordoveia, o gaio, a pega-azul, o estorninho-preto, o tentilhão e a escrevedeira-de-garganta-preta.

Há também as aves de rapina: entre as que mais frequentemente ocorrem em montado são de referir a águia-d'asa-redonda e a águia-calçada. Quanto aos habitantes nocturnos, destacam-se a coruja-do-mato e o noitibó-de-nuca-vermelha.

No Inverno, surgem alguns visitantes vindos do norte que escolhem o montado como um dos seus locais de invernada preferidos: é o caso do pisco-de-peito-ruivo, da felosa-comum ou da estrelinha-de-cabeça-listada. Quando o montado é "aberto", isto é, com árvores esparsas, é possível encontrar algumas espécies invernantes mais características de terrenos agrícolas e que frequentam sobretudo o solo e não as árvores – é o caso do abibe ou da petinha-dos-prados.

Os habitantes menos conhecidos

As espécies acima referidas são bastante comuns e relativamente fáceis de encontrar nos montados. No entanto, os montados albergam um conjunto de outras espécies menos comuns; entre as mais interessantes, refiram-se: o torcicolo, nos montados do interior sul; o rabirruivo-de-testa-branca, que ocorre sobretudo no Ribatejo e em certas zonas do Alto Alentejo; a toutinegra-real, no interior alentejano e na Beira Baixa; a felosa-de-bonelli, no nordeste, no Ribatejo e em parte do Alentejo; o papa-moscas-cinzento, que se distribui pela maior parte do país; e o pardal-francês, que ocorre sobretudo em montado maduro onde haja árvores velhas com buracos, que usa para nidificar.

Note-se que a maioria destas espécies ocorre em densidades baixas e possui hábitos discretos, sendo por isso menos conhecidas por muitos ornitólogos amadores; contudo, por serem mais difíceis de encontrar, constituem um desafio a todos os que se disponham a observar aves nos montados.

Importância conservacionista dos montados

Esta selecção de espécies está longe de ser exaustiva, mas evidencia a riqueza da comunidade de aves do montado. Aliás, se se comparar a diversidade de espécies que ocorrem no montado com a de um pinhal ou de um eucaliptal, o resultado revela que o montado é, de facto, um habitat muito mais rico.

A conservação deste ecossistema constitui assim uma medida fundamental para a preservação da diversidade avifaunística do nosso país. Este aspecto adquire particular relevância no caso de manchas florestais de maior extensão, pois algumas espécies que ocorrem em densidades muito baixas raramente são observadas nos pequenos bosquetes.

Infelizmente, o montado português tem vindo, a pouco e pouco, a ser destruído, para dar lugar a construções, a agricultura intensiva ou, nos piores casos, a plantações de eucaliptos.

Importa pois actuar em prol dos montados para salvar o património que ainda nos resta.

Observar aves no montado

A riqueza do montado permite que neste habitat sejam observadas 40 ou mais espécies de aves num só dia. Se o montado não for muito esparso e tiver alguma vegetação arbustiva, nomeadamente junto a linhas de água, um observador experimentado poderá mesmo detectar mais de 50 espécies.

No entanto, a observação de aves em habitats florestais é bastante mais difícil do que em terrenos agrícolas abertos ou em zonas húmidas. A vegetação, muitas vezes densa, não permite a localização das aves por entre a folhagem, obrigando a um esforço adicional de deslocação por parte do observador. Deste modo, ao contrário do que sucede em terrenos abertos, onde é possível observar aves a partir do interior de uma viatura, a observação de aves no montado deve preferencialmente ser feita a pé. Por outro lado, atendendo às características fechadas do habitat, o contacto auditivo torna-se particularmente importante: muitas aves não são vistas mas podem ser facilmente localizadas pelas suas vocalizações (canto ou chamamento); assim, é importante estar "à escuta", por forma a detectar o maior número possível de espécies.

A melhor estratégia consiste pois em escolher um percurso pedestre de um ou dois quilómetros e prosseguir lentamente por entre o montado, com paragens frequentes, procurando detectar qualquer movimento ou vocalização que indicie a presença de uma ave por entre a folhagem.

Publicado no jornal ABC Ambiente nº 24, de Novembro e Dezembro de 2000.

Sagres: um beco sem saída?

Olhando para um mapa de Portugal Continental, é quase impossível não reparar na extremidade que se destaca no extremo sudoeste do território. Trata-se da Ponta de Sagres e do Cabo de S. Vicente. Devido à sua localização geográfica, esta zona assume grande importância durante a época das migrações. Fique a saber um pouco mais sobre a migração que acontece em Sagres e como fazer para a observar de perto.

Há dias um amigo perguntou-me: "Disseram-me que na zona de Sagres há uma semana por ano em que se podem ver milhares e milhares de aves. É verdade?". Colocada desta forma, a questão é de resposta difícil. Porque se é verdade que por vezes surgem em Sagres grandes concentrações de aves migradoras, há que ter presente que esse acontecimento não se verifica todos os anos, que o período correspondente ao pico de abundância pode variar e que em certos anos pode não acontecer de todo. Tudo depende das condições meteorológicas que se fazem sentir. Mas é um facto que todos os anos passam por Sagres, no final do Verão e no início do Outono, muitas centenas de aves de rapina e muitos milhares de passeriformes migradores.

Se está a pensar ir até esta região, aproveite para observar as migrações. Deixamos-lhe aqui algumas dicas sobre as espécies que aqui ocorrem.

Um beco sem saída

Para compreender o que acontece em Sagres é necessário, antes de mais, explicar de que forma se processa a migração das aves. Para o efeito, vamos distinguir entre as grandes aves planadoras (estão neste grupo as aves de rapina e as cegonhas) e as aves não planadoras (todas as restantes espécies).

Comecemos pelas aves planadoras. É um facto bem conhecido que estas aves procuram tirar partido das correntes térmicas ascendentes que se formam na atmosfera para conseguirem percorrer grandes distâncias despendendo um mínimo de energia. Como estas correntes apenas se formam sobre terra firme e não sobre o mar, as aves planadoras evitam atravessar as grandes extensões de água e procuram efectuar as suas migrações sobre terra. Deste modo, as aves planadoras que se dirigem para África atravessam o Mediterrâneo através do Bósforo (Turquia) ou, no caso das aves oriundas da Europa Ocidental, pelo estreito de Gibraltar. Muitos indivíduos já conhecem as rotas ou vão parar ao estreito por instinto. Contudo, seja devido à falta de experiência ou na sequência de condições meteorológicas adversas, muitas aves, principalmente imaturas, perdem-se da rota e vêm "esbarrar" na costa ocidental portuguesa. Uma vez chegados aqui, e porque evitam voar sobre o mar, vão seguindo para sul ao longo da costa e acabam por ir parar ao Cabo de S. Vicente, que forma o extremo sudoeste do país e também da Europa. Este local é um beco sem saída, pois não permite atravessar para lado nenhum sem ter de voar sobre grandes extensões de mar. Assim, as aves planadoras que aqui chegam permanecem um ou dois dias na zona, até decidirem seguir um novo rumo (geralmente acabam por se dirigir para leste).

Desde 1990 que têm sido realizadas na zona de Sagres, com uma periodicidade não anual, campanhas de observação de aves planadoras durante os meses de Setembro e Outubro. Inicialmente organizadas pelo Instituto da Conservação da Natureza, estas campanhas estiveram, a partir de 1994, a cargo da Sociedade Portuguesa para o Estudo das Aves. Nas sucessivas campanhas procurou-se obter informação sobre o número de aves planadoras que passam por esta região durante a migração outonal. De acordo com os resultados obtidos nas sete campanhas realizadas até à data, verifica-se que a águia-calçada, o bútio-vespeiro e o gavião são as aves de rapina mais numerosas, mas também há passagem regular de águia-cobreira, águia-d'asa-redonda, abutre-do-egipto e de outras espécies menos frequentes. A passagem de algumas cegonhas-pretas por Sagres também tem sido registada todos os anos.

Quedas de migradores

Em relação às aves não planadoras, podemos distinguir entre migradores diurnos e nocturnos. Os migradores diurnos abrangem as rolas, os pombos, os andorinhões, as andorinhas e os tentilhões, entre outros. O grupo dos migradores nocturnos compreende a maioria dos insectívoros arborícolas, como felosas, toutinegras, rouxinóis, piscos, tordos e papa-moscas, os quais chegam durante a noite e repousam na área durante o dia.

Em certas ocasiões, quando as condições meteorológicas são particularmente favoráveis, podem verificar-se concentrações muito elevadas de migradores nesta zona, sobretudo de migradores nocturnos e também de aves planadoras. Mas afinal o que significa "condições particularmente favoráveis?" Para responder a esta questão, é necessário considerar as variáveis que mais determinam o movimento das aves. Com efeito, tanto as aves de rapina como os pequenos migradores nocturnos podem ser afectados pelas condições meteorológicas prevalecentes, em particular pelo rumo e pela intensidade do vento. A ocorrência de ventos de leste ou nordeste durante dois ou três dias seguidos parece ser um padrão bastante favorável para a presença de grande número de migradores. Assim, se pensa ir a Sagres, não deixe de consultar as cartas meteorológicas, para ver se o vento favorece a ocorrência de migradores.

O período de maior abundância e diversidade coincide geralmente com a última semana de Setembro e a primeira semana de Outubro, sendo também este o período em que o número de aves planadoras atinge geralmente o seu máximo, mas como já se referiu as condições meteorológicas podem alterar este padrão. Em certos anos a migração quase não se faz sentir, ao passo que noutros anos surgem picos de migradores mais para o fim de Outubro ou mesmo no início de Novembro. Por exemplo, na segunda quinzena de Outubro já têm sido registados bandos com algumas centenas de grifos.

Para além das aves terrestres, há também que ter em conta a ocorrência de várias espécies de aves marinhas. Estas ocorrem geralmente em alto mar, mas devido à proeminência do Cabo de

S. Vicente não é raro ver aves a passar junto ao Cabo. Neste caso, a migração é condicionada pelo estado do tempo ao largo, havendo registos de passagem intensa após tempestades no mar e ventos fortes de sudoeste. Para observar aves marinhas, o melhor será chegar ao Cabo de S. Vicente (junto ao farol) ao nascer do sol e observar durante as primeiras duas horas do dia.

E durante o resto do ano?

Embora a região de Sagres se notabilize pela presença de grande número de aves migradoras e o Outono seja, sem dúvida, a época do ano mais interessante, ocorrem nesta área outras espécies de aves que podem ser vistas durante todo o ano. Entre estas destaca-se a gralha-de-bico-vermelho, espécie que se encontra hoje ameaçada e que encontra na região de Sagres um dos seus últimos redutos. Esta ave, da família dos corvídeos, nidifica nas fragas e pode ser vista a alimentar-se nas pastagens e nos terrenos agrícolas. A sua população na zona é de apenas algumas dezenas de casais. Esta espécie não deve ser confundida com a gralha-de-nuca-cinzenta, que é muito mais abundante e conta, na área, com várias centenas de indivíduos.

Também o corvo-marinho-de-crista, espécie residente pouco comum, pode ser visto nas falésias junto ao Cabo.

As zonas incultas entre Sagres e o Cabo de S. Vicente são um bom local para procurar a cotovia-montesina, que se distingue da sua congénere cotovia-de-poupa pelo peito mais riscado e pelos tons mais escuros.

No Inverno vale a pena prospectar os rochedos junto ao farol do Cabo de S. Vicente, onde ocorrem regularmente algumas ferreirinhas-alpinas, mas infelizmente o seu número tem vindo a diminuir em anos recentes.

Não deixe de visitar o porto de abrigo de Sagres, onde geralmente repousam bandos de gaivotas e onde, ocasionalmente, já têm sido observadas espécies mais raras.

Publicado no jornal Quercus Ambiente n° 9, de Agosto e Setembro de 2004.

Observar aves no distrito de Portalegre

Situado no Alto Alentejo, o distrito de Portalegre tem merecido pouca atenção por parte do poder central e por isso tem sido bastante penalizado em termos de desenvolvimento. Contudo, esta região é bastante rica, tanto em património cultural como em valores naturais e por isso merece certamente uma visita. Em termos de aves, Portalegre é um dos distritos com maior diversidade do interior do território: já aqui foram observadas cerca de 240 espécies. Pela multiplicidade de habitats e de espécies que aqui ocorrem, esta região oferece excelentes oportunidades de observação de aves, destacando-se a relativa facilidade de observação de algumas espécies que são pouco comuns no contexto nacional.

Caracterização

Embora administrativamente pertença ao Alentejo, o distrito de Portalegre situa-se já numa região de transição para a Beira Baixa e na parte norte do distrito encontram-se já algumas zonas de características tipicamente beirãs, que se manifestam no modo de construção das casas e no viver das suas gentes.

O distrito pode dividir-se em quatro grandes zonas: a parte meridional, abrangendo a zona que se estende de Fronteira, Sousel e Alter do Chão até Monforte, Arronches, Elvas e Campo Maior, é composta pelas típicas planícies alentejanas, de montado disperso e algumas searas, terminando na bacia do Guadiana a leste. A parte ocidental, que confina com o Ribatejo, abrange os concelhos de Gavião, Ponte de Sor e Avis e é mais densamente florestada, principalmente por sobreiros e pinheiros-bravos, com eucaliptais a predominar na zona de Gavião. Na parte setentrional, correspondente aos concelhos de Nisa, Castelo de Vide e Crato, dominam os afloramentos graníticos e os sobreiros misturam-se com os carvalhos-negrais, excepto no extremo norte, onde corre o rio Tejo e o granito dá lugar ao xisto, com as encostas cobertas de vastos estevais.

Finalmente, a parte oriental, correspondente aos concelhos de Marvão e Portalegre e ainda parte dos de Arronches e Castelo de Vide, é a mais acidentada, abrangendo o maciço da serra de São Mamede, com importantes cristas quartzíticas; as zonas superiores a 700 metros encontram-se quase totalmente florestadas com pinheiros-bravos, enquanto a cotas inferiores há alguns carvalhais e também soutos.

As zonas urbanas

Tal como acontece noutras zonas do país, os aglomerados urbanos são frequentados principalmente por espécies que nidificam nos edifícios. Para além dos vulgares pardais-do-telhado, andorinha-dos-beirais e andorinhão-preto, nesta região do país as zonas edificadas oferecem alguns atractivos adicionais. Um dos locais de eleição é o castelo de Marvão, onde habitualmente se vêem o melro-azul e o rabirruivo-preto e onde, no Inverno, se podem encontrar algumas ferreirinhas-alpinas. As duas primeiras espécies também ocorrem na parte antiga de Castelo de Vide, enquanto a andorinha-das-rochas nidifica em diversas localidades na metade norte do distrito.

Na metade sul da região, as vilas e as aldeias são também frequentadas pela rola-turca e pela andorinha-das-chaminés.

A serra

No distrito de Portalegre existe uma única serra – trata-se da serra de São Mamede que, com os seus 1025 metros de altitude máxima constitui o ponto mais elevado a sul do rio Tejo. Esta serra dá o nome ao parque natural que se estende desde Póvoa e Meadas (a norte) até Esperança (a sul). A parte mais elevada da serra encontra-se quase totalmente coberta por pinhais de pinheiro-bravo (uma parte dos quais sucumbiu aos incêndios de 2003). Aqui a diversidade de aves é relativamente baixa. Entre as espécies mais características dos pinhais, podem referir-se o pica-pau-verde, o chapim-carvoeiro, o chapim-de-poupa e o tentilhão-comum. Descendo um pouco em altitude para o vizinho concelho de Marvão, encontram-se soutos (por exemplo em Porto da Espada), onde também ocorre o rabirruivo-de-testa-branca, juntamente com diversas outras espécies que nidificam em cavidades, como o estorninho-preto, o pardal-montês, o pardal-francês e a trepadeira-comum.

Junto ao antigo posto fronteiriço de Galegos, eleva-se a imponente fraga da Esparoeira, onde existe uma pequena colónia de grifos, certamente uma das mais fáceis de observar em território português. Aliás os grifos, juntamente com os seus congéneres abutres-pretos, são relativamente frequentes ao longo da fronteira, embora em muitos casos se trate de aves oriundas de Espanha.

Os bosques

Esta região conta ainda hoje com importantes manchas florestais. Uma das árvores mais características da região é o sobreiro – esta árvore ocorre em praticamente todos os concelhos, formando manchas de grande extensão e densidade na região de Ponte de Sor e nos concelhos circundantes de Gavião e Avis. Uma visita a estes sobreirais na Primavera permitirá observar algumas aves que são pouco frequentes no país, como a felosa-de-bonelli, o papa-moscas-cinzento e o rabirruivo-de-testa-branca. Também na zona de Esperança e Mosteiros (Arronches) existem alguns sobreirais importantes, que são apreciados pela rara toutinegra-real.

No terço setentrional do distrito predominam os bosquetes e os montados de carvalho-negral, que ocupam essencialmente as encostas setentrionais da serra de São Mamede e uma boa parte das zonas planas entre Castelo de Vide e Nisa – estes bosquetes, únicos em todo o Alentejo, fazem lembrar certas zonas da Beira Alta ou do nordeste transmontano e são apreciados por diversos passeriformes, dos quais importa destacar, pela sua relativa abundância, o papa-figos, a trepadeira-azul, o bico-grossudo e o pica-pau-galego.

As manchas florestais da região são também frequentadas pela rara cegonha-preta, que constrói os seus ninhos em árvores, em zonas pouco habitadas.

As zonas agrícolas

Um pouco por todo o distrito, as zonas não arborizadas são ocupadas sobretudo por terrenos agrícolas. Estes variam em dimensão, desde as pequenas parcelas na zona de Castelo de Vide até aos campos de maior extensão junto a Alter do Chão, Monforte ou Elvas. Estas zonas são frequentadas por diversos passeriformes que nidificam no solo, como o trigueirão, a fuinha-dos-juncos ou a calhandra-real. No entanto, são as aves estepárias que tornam estes habitats particularmente interessantes para a observação de aves, especialmente no caso dos campos de maior extensão que existem na metade sul – aqui é possível encontrar a abetarda, o sisão, o rolieiro e, com sorte, o cortiçol-de-barriga-preta (este último aparece sobretudo na zona de Campo Maior). Refira-se ainda o peneireiro-das-torres, que conta com algumas colónias no concelho de Elvas.

As barragens

São três as barragens do distrito que têm interesse para a observação de aves. A maior e mais importante é a barragem do Caia, cuja albufeira se estende pelos concelhos de Elvas, Campo Maior e Arronches. Neste local nidificam diversas espécies de aves aquáticas, com destaque para a perdiz-do-mar e a andorinha-do-mar-anã – estas duas espécies apreciam as ilhotas que existem na albufeira. Também a gaivina-de-bico-preto colonizou esta barragem e é bastante frequente. No Inverno podem ver-se diversas espécies de patos, bem como os mergulhões-de-crista e bandos de grous.

A norte, perto de Castelo de Vide, merece referência a barragem da Póvoa – esta albufeira é relativamente pobre em aves aquáticas, sendo raros os patos e as limícolas, mas os mergulhões-de-crista estão habitualmente presentes e no Inverno são frequentes os bandos de corvos-marinhos.

Finalmente, a albufeira de Montargil, perto de Ponte de Sor, caracteriza-se pelas suas margens bastante espraiadas e é regularmente frequentada por patos, limícolas e garças. Em todas estas albufeiras, o milhafre-preto é uma presença habitual durante a Primavera, voando baixo sobre o plano de água enquanto procura alimento.

Publicado no jornal Quercus Ambiente nº 40, de Março e Abril de 2010.

Destino: São Mamede

Se pedirmos a um observador de aves que nos recomende um bom local para observar aves, provavelmente ouviremos como resposta o nome de um estuário ou de outra zona húmida costeira, ou então ser-nos-á sugerida uma visita à Serra do Gerês, ao Douro Internacional, ao Paul do Boquilobo ou às planícies de Castro Verde. No entanto, é pouco provável que o local recomendado seja a região da Serra de S. Mamede.

Situada em pleno Alto Alentejo, perto de Portalegre, a Serra de S. Mamede estende-se pelos Concelhos de Castelo de Vide, Marvão, Portalegre e Arronches. Apesar de aqui existir uma área protegida (o Parque Natural da Serra de S. Mamede), esta não é particularmente conhecida pelas suas aves, pelo menos quando comparada com outras áreas, de reconhecida importância internacional no que à conservação da avifauna diz respeito.

Não obstante, a região de S. Mamede contém uma das maiores diversidades avifaunísticas a nível nacional. Esta riqueza foi evidenciada, pela primeira vez, no "Atlas das Aves que nidificam em Portugal Continental", publicado em 1989 pelo extinto Serviço Nacional de Parques, Reservas e Conservação da Natureza, em que esta região surgia com uma diversidade só comparável à de zonas como o estuário do Tejo ou a ria Formosa.

A zona de S. Mamede afigura-se assim como um destino a considerar por todos aqueles que queiram ter contacto com algumas espécies de aves diferentes daquelas que encontram na zona onde habitualmente observam.

Para além da sua riqueza avifaunística, esta zona apresenta ainda o atractivo de fazer parte de uma das regiões de turismo mais interessantes de Portugal (a Região de Turismo de S. Mamede). Aqui é possível encontrar um património arquitectónico e arqueológico notável. Além disso, as paisagens são deslumbrantes e até a vegetação que aqui encontramos, formada em grande parte por matas de carvalho-negral com giesta e por castanheiros, não encontra paralelo no resto do Alentejo.

Para o observador de aves que se desloque até São Mamede, as potencialidades são enormes. Aqui nidificam mais de 120 espécies de aves e muitas outras ocorrem durante a migração ou no Inverno. As características da serra, como o seu pico acima dos 1000 metros, cria condições à ocorrência de espécies com uma distribuição mais setentrional, como o chapim-carvoeiro ou o pisco-de-peito-ruivo, enquanto a proximidade da Estremadura espanhola e do Tejo Internacional favorece a ocorrência de aves de presa de grande porte.

As zonas mais interessantes para observar aves encontram-se espalhadas por uma vasta área. Assim, é recomendável planear uma visita de dois ou mais dias, por forma a não só poder visitar os melhores locais, como também para poder desfrutar plenamente da paisagem e do património cultural aqui existente. Seguidamente apresentam-se algumas sugestões de locais e percursos para a observação de aves.

Castelo de Vide

A visita a esta pitoresca vila faz parte de qualquer expedição à região de São Mamede. O castelo oferece uma vista panorâmica deslumbrante e também a oportunidade de observar algumas aves interessantes, nomeadamente o melro-azul, a andorinha-das-rochas e a alvéola-cinzenta, que nidificam no burgo medieval. O castelo constitui igualmente um ponto de observação para aves de rapina, como a águia-calçada ou a águia-cobreira, que por vezes o sobrevoam.

Marvão

Este é mais um ponto de paragem obrigatório. A vista é soberba, tanto sobre a planície alentejana como sobre a Estremadura espanhola. Quando a visibilidade é boa, vê-se ao longe a Serra da Estrela. O castelo e os rochedos que o envolvem servem de refúgio ao melro-azul, ao chasco-preto e à cia durante todo o ano. No Inverno é também possível encontrar aqui a ferreirinha-alpina, que se alimenta nas ervas junto à base exterior da muralha ou mesmo no interior do castelo. Já aqui foram observadas espécies mais raras, como o Melro-das-rochas ou a Trepadeira-dos-muros.

Barragem da Póvoa

É a principal zona húmida da região e fica situada a cerca de 10 km de Castelo de Vide, para noroeste. A estrada serpenteia ao longo da margem ocidental da albufeira, oferecendo diversos pontos de observação sobre as águas. Os mergulhões-de-crista podem ser observados na albufeira durante todo o ano e, durante a Primavera, é frequente encontrar milhafres-pretos são vistos a voar sobre a água ou sobre a zona envolvente. As zonas de giestas junto à estrada são um bom local para tentar encontrar a felosa-carrasqueira, enquanto os terrenos incultos e pedregosos são o habitat ideal para procurar a cotovia-montesina. Continuando pela referida estrada, chega-se ao paredão da barragem. Vale a pena atravessá-lo e parar do outro lado, a fim de inspeccionar os ninhos de cegonha-branca, que servem de suporte a algumas colónias de pardal-espanhol.

Pedreira de Coureleiros

Esta pedreira fica situada a escassos 5 km de Castelo de Vide, junto à estrada que segue para Póvoa e Meadas. Aqui ocorrem a gralha-de-nuca-cinzenta, o corvo e a andorinha-dáurica. Os fios telefónicos junto à estrada são utilizados regularmente por rolieiros durante a época de nidificação[3].

Senhora da Penha e Carreiras

A sul de Castelo de Vide ergue-se uma crista cujo topo se situa a 700 metros de altitude e domina a paisagem circundante. O miradouro aí existente, a Senhora da Penha, merece certamente uma espreitadela. Nas matas envolventes, compostas por

---

[3] Em anos recentes a espécie deixou de ser observada regularmente nesta zona.

pinheiros e por alguns castanheiros, é possível encontrar o Pisco-de-peito-ruivo (que aqui ocorre durante todo o ano), o Chapim-de-poupa, a estrelinha-de-cabeça-listada e o pica-pau-verde. Um pouco mais a sul situa-se a aldeia de Carreiras. Aqui a paisagem é dominada por montados de sobro densos, onde ocorrem, entre outras espécies, o rabirruivo-de-testa-branca, a felosa-de-bonelli e a escrevedeira-de-garganta-preta.

Pico de S. Mamede

As zonas mais altas da serra são dominadas por extensos pinhais e albergam uma avifauna menos variada do que outras zonas do Parque. No entanto, algumas espécies são mais fáceis de encontrar neste tipo de habitat – é o caso do chapim-carvoeiro, do chapim-de-poupa e do pica-pau-verde, todos eles relativamente frequentes nas zonas de maior altitude. O pico de S. Mamede é o único local a sul do rio Tejo com uma altitude superior a 1000 metros e, para além da sua vista magnífica, é um dos poucos locais do Alentejo onde, em Invernos frios, a neve marca presença.

Alojamento e Alimentação

Para quem pretenda passar mais de um dia nesta região, há diversas possibilidades de alojamento. Existem hotéis em Portalegre e Castelo de Vide e uma pousada em Marvão, havendo igualmente opções mais económicas, como pensões e residenciais. No que diz respeito aos restaurantes, as possibilidades são inúmeras, não só nas principais localidades, como também nas terras mais pequenas, como Póvoa e Meadas, Beirã, Santo António das Areias ou Portagem. Qualquer que seja a sua opção, terá certamente oportunidade de saborear a gastronomia tradicional alentejana.

Publicado no jornal ABC Ambiente nº 19, de Abril de 2000.

Explorando o distrito da Guarda

A Beira Alta não é um dos destinos mais populares para quem quer ver aves. No entanto, a riqueza das suas paisagens e a baixa densidade populacional contribuem para tornar esta região numa das zonas mais interessantes do ponto de vista ornitológico.

Quem se inicia na observação de aves, rapidamente aprende que para tomar contacto com muitas espécies é necessário visitar diferentes regiões e habitats. Assim, muitos observadores já tiveram oportunidade de visitar as zonas húmidas costeiras e as planícies alentejanas, por exemplo. Contudo, as zonas remotas do nordeste do território permanecem fora das rotas da maioria dos ornitólogos. Claro que o conceito de "nordeste" se aplica geralmente a Trás-os-Montes e esta região é particularmente remota. Ainda assim, muitas das especialidades avifaunísticas do nordeste podem também ser encontradas no distrito da Guarda. Com efeito, mercê das suas características biogeográficas (localização no interior e altitude geralmente elevada), este distrito possui uma avifauna muito rica e bastante diferente da que existe noutras regiões; por um lado, ocorrem aqui muitas aves de distribuição setentrional, características do norte do território; por outro, a influência mediterrânica do clima favorece a presença de espécies típicas do sul do país. Adicionalmente, algumas espécies que são escassas no litoral são aqui bastante frequentes. Em suma, estão reunidos os ingredientes para poder observar um lote de aves diverso e interessante. O percurso que aqui propomos abrange as zonas mais representativas desta região e permitirá ao observador da natureza tomar contacto com uma realidade muito diferente daquela que encontra no resto do país e, certamente, com algumas espécies de aves que ainda não teve oportunidade de ver. Numa divisão muito grosseira, podemos considerar três grandes zonas no distrito da Guarda: a Serra da Estrela (cuja vertente sul já se estende pelo distrito de Castelo Branco); o vale do Côa, que nasce na serra da Malcata e se estende para norte em direcção ao Douro; e o vale do Mondego, que nasce no coração da Estrela e corre para oeste, entrando em zonas de forte influência atlântica.

A Serra da Estrela

Falar da Beira Alta é falar da Serra da Estrela. E falar da Serra da Estrela é falar da neve, da torre e do saboroso queijo. Mas também pode ser falar de aves. Só é preciso saber quais as espécies que aí ocorrem e onde as procurar. Claro que a tentação de quem vai à Serra é ir directo até à Torre. Mas este não é, de modo algum, o melhor local para ver aves. Para encontrar algumas das espécies mais interessantes, vale bem a pena investir nos sectores intermédios da Serra, especialmente entre os 1.000 e os 1.600 metros de altitude. A melhor época para procurar aves nesta zona é em Maio e Junho. No Inverno há poucas aves, mas podem surgir algumas surpresas. Alguns locais a não perder, quer pela beleza das suas paisagens, quer pelas suas aves, são: o Covão da Ametade, situado junto ao vale glaciar do Zêzere, onde é possível encontrar a felosa-de-bonelli, o melro-d'água e a estrelinha-de-cabeça-listada; a Nave de Santo António, perto de Piornos, onde ocorrem a laverca, a sombria, a ferreirinha-comum e a petinha-dos-campos; o Cântaro Magro, logo abaixo da Torre, onde no Verão há o melro-das-rochas e no Inverno a ferreirinha-alpina e o melro-de-peito-branco; o planalto da Torre ao longo da estrada para o Sabugueiro, para procurar o chasco-cinzento, a laverca e a petinha-dos-campos; a zona das Penhas Douradas, onde também há a sombria e a petinha-dos-campos e, em certos anos, o cruza-bico; por fim, a zona envolvente da Torre propriamente dita, que também pode ser um bom local para encontrar o chasco-cinzento no Verão e a ferreirinha-alpina no Inverno.

As terras de Ribacoa

Para leste da Serra, entre Guarda e Vilar Formoso, estende-se um vasto planalto situado entre os 700 e os 800 metros. A paisagem é dominada por blocos graníticos e giestas, alternando nalgumas zonas com manchas de pinheiro-bravo ou carvalho-negral. Muito fria no Inverno e muito quente no Verão, esta zona possui uma diversidade avifaunística notável, devido à presença de espécies típicas do norte do país e de zonas serranas (como a sombria, a felosa-de-bonelli, a toutinegra-carrasqueira, o papa-amoras ou o chasco-cinzento) e de outras características de climas mediterrânicos e que, sendo comuns no sul do país, se encontram a norte do Tejo restringidas à faixa raiana (é o caso do abelharuco, da pega-azul, do picanço-barreteiro ou do chasco-ruivo). Há inúmeros locais dignos de visita e por isso apenas se referem alguns. A aldeia de Sortelha, no concelho do Sabugal, que para além do seu magnífico património é um excelente local para ver aves de rapina, e ainda andorinha-dáurica e melro-azul. A zona de Aldeia da Ponte, também no concelho do Sabugal, tem cegonha-preta, chasco-cinzento, felosa-de-bonelli e papa-amoras. A região de Vilar Formoso e um pouco para sul até Nave de Haver, concelho de Almeida, é excelente para aves de rapina, incluindo milhafre-real, tartaranhão-caçador e por vezes abutres; também aqui ocorrem sombria, felosa-de-bonelli, papa-amoras, cuco-rabilongo e pardal-espanhol. A barragem de Santa Maria de Aguiar, concelho de Figueira de Castelo Rodrigo, é um local privilegiado para observar aves aquáticas nesta região, incluindo os belos mergulhões-de-crista, várias espécies de patos (no Inverno), rouxinol-grande-dos-caniços e até dois singulares ninhos de cegonha-branca "suspensos" sobre a água, sob os quais há vários ninhos de pardal-espanhol[4]. Os terrenos adjacentes albergam sisão e alcaravão.

O vale do Mondego

Para oeste de Guarda, ao longo da vertente norte da Serra da Estrela, estende-se o vale do Mondego, que atravessa os concelhos de Celorico da Beira, Fornos de Algodres, Gouveia e Seia. Nesta zona a altitude é consideravelmente menor que no resto do distrito, havendo zonas a 300 metros. Por outro lado, o

---

[4] Os dois ninhos referidos já não existem, uma vez que entretanto os cepos que serviam de suporte apodreceram e caíram.

habitat encontra-se mais transformado, não só devido à maior presença humana, mas também pela existência de grandes pinhais. Os incêndios deixam marcas visíveis nesta zona. Para além de outras especialidades que ocorrem no resto da região, o vale do Mondego é uma zona bastante favorável para encontrar o milhafre-preto, a ógea, o melro-d'água e o torcicolo. Algumas das espécies presentes na faixa raiana podem ser encontradas na zona de Celorico da Beira, mas não ocorrem mais para oeste, possivelmente devido à maior influência atlântica do clima – é o caso da pega-azul. Outras como o abelharuco e o picanço-barreteiro podem ser encontrados mais a oeste, até perto de Mangualde (distrito de Viseu), mas são comparativamente mais escassos nesta zona do que na faixa raiana. Em contrapartida, a menor altitude favorece a presença de espécies como a fuinha-dos-juncos, que é comum ao longo do vale do Mondego mas está praticamente ausente acima dos 800 metros. Não deixe de visitar a magnífica aldeia histórica de Linhares da Beira, em cujo castelo nidifica o pardal-francês.

Publicado no jornal Quercus Ambiente nº 6, de Abril de 2004.

Segredos da serra da Estrela

*A mais alta serra de Portugal Continental, que compreende a maior
área protegida do nosso território – o Parque Natural da Serra da
Estrela (PNSE) – não é certamente conhecida pelas suas aves. E, no
entanto, aqui encontram refúgio diversas espécies que podem ser
consideradas raras a nível nacional. Assim, da próxima vez que visitar
a serra não deixe o binóculo em casa e aproveite para observar algumas
espécies que dificilmente irá encontrar no resto do país.*

Quando lhe falam na Serra da Estrela, o que é que lhe vem
primeiro à memória? Neve, certamente. Ou então, esqui. Ou
ainda Torre, queijo da Serra e cães da Serra da Estrela. Se já teve
oportunidade de visitar a serra por mais de uma vez, certamente
conhece locais tão extraordinários como o Covão da Ametade, o
Cântaro Magro ou o vale glaciar do Zêzere e talvez até já tenha
ouvido falar da lagartixa-da-montanha (*Lacerta monticola*),
pequeno réptil endémico da Península Ibérica que é
razoavelmente comum nos andares superiores da serra.

Apesar de todas estas "imagens de marca" da Estrela, raros
serão aqueles que associarão a serra a uma comunidade de aves
selvagens. E no entanto, tal como muitas outras áreas protegidas
de Portugal, que são conhecidas pelas suas aves – desde o Douro
Internacional ao estuário do Tejo e desde a Peneda-Gerês à Costa
Vicentina –, também o PNSE alberga uma comunidade
avifaunística importante, aliás única no nosso país. Devido ao
grande número de turistas que visitam a serra, a perturbação
nesta região é grande, dificultando a vida a quem pretende
observar a avifauna. Felizmente, a melhor época para observar
aves na serra (Primavera e início do Verão) coincide com o
período de menor afluxo de turistas. Além disso, a esmagadora
maioria dos visitantes apenas segue as estradas asfaltadas, pelo
que bastará o observador afastar-se um pouco dos percursos
principais para poder apreciar a tranquilidade da serra.

O andar superior

Não há dúvida que o que torna a Estrela diferente das restantes serras portuguesas é o facto de se erguer a quase 2000m. É talvez por isso que quase todos os que visitam a serra se dirigem, invariavelmente, à Torre. No entanto, a parte superior da serra da Estrela não é só a Torre. A vegetação dos estratos superiores, formada sobretudo por urzes, zimbros, piornos e outros arbustos, que alterna com grandes blocos graníticos, alberga uma comunidade avifaunística diferente da do resto da serra. A diversidade é reduzida, contudo as espécies que aqui ocorrem são mais numerosas do que nas áreas de menor altitude e, nalguns casos, são mais fáceis de encontrar aqui do que no resto do país. Assim, durante o Verão, as pastagens de altitude encontram-se repletas de lavercas e de petinhas-dos-campos, enquanto os urzais, os piornais e os zimbrais albergam importantes números de ferreirinha-comum e de papa-amoras; as zonas rochosas constituem o habitat preferencial do chasco-cinzento, do melro-das-rochas, do rabirruivo-preto, da cia e da andorinha-das-rochas; ocasionalmente pode ser visto um corvo ou um tartaranhão-caçador voando sobre as zonas descobertas. No Inverno, muitas destas aves migram para África e as restantes descem para zonas de menor altitude, deixando os estratos superiores praticamente desertos de aves e entregues à mercê das multidões de turistas, ávidos de ver neve e transformando o cume da serra num mar de gente, onde vislumbrar uma única ave constitui um verdadeiro desafio – ainda assim, com alguma persistência, será possível encontrar, junto à Torre, uma ou outra ferreirinha-alpina ou a rara escrevedeira-das-neves, enquanto nas zonas rochosas ocorrem por vezes tordos-zornais e melros-de-peito-branco, procurando alimento por entre a neve.

Os bosques

À medida que a altitude diminui, a diversidade avifaunística aumenta. Isto resulta, em boa medida, das características do coberto vegetal nas diferentes altitudes. De facto, contrastando com a nudez do cume, o andar intermédio da serra apresenta um coberto vegetal bastante mais rico e, abaixo da cota dos

1500m, existem diversas áreas florestadas. Muitas destas áreas resultam de plantações, enquanto outras se mantêm mais próximas das suas características originais. São de referir, pela sua importância, os bosques de pinheiro-bravo, pinheiro-silvestre, pinheiro-negro, carvalho-negral e vidoeiro. Existem também algumas galerias ripícolas, especialmente abaixo dos 1200m. As zonas florestadas albergam uma grande variedade de aves. Entre as mais características, são de referir: o chapim-carvoeiro, a felosa-de-bonelli, a estrelinha-de-cabeça-listada e o pisco-de-peito-ruivo. No Inverno podem ser vistos bandos de lugres e, mais raramente, o enigmático cruza-bico. Muitos bosques podem ser explorados junto às estradas principais, mas também aqui é preferível optar pelos trajectos secundários, onde a perturbação é menor. Vale a pena visitar o Covão da Ametade, onde existe um dos mais belos conjuntos de vidoeiros de toda a serra e onde, para além das espécies mencionadas, é possível realizar excelentes observações de melro-d'água, pescando nas águas límpidas do rio Zêzere a poucas centenas de metros da sua nascente – refira-se que este é um dos poucos locais da serra onde o campismo é permitido e, na verdade, a experiência de acordar de manhã com uma vista soberba sobre o Cântaro Magro constitui um acontecimento inesquecível.

As zonas humanizadas

O número de zonas habitadas na serra conta-se pelos dedos de uma mão. Para além da bem conhecida Torre, há a referir o complexo turístico das Penhas da Saúde (ponto de passagem para quem entra pela Covilhã) e a aldeia do Sabugueiro (que fica junto à estrada de Seia). No entanto, por comparação com outros aglomerados populacionais do país, o número de aves presentes nestes locais é surpreendentemente baixo. Ainda assim, durante uma visita à serra, vale a pena aproveitar a quase obrigatória paragem para procurar algumas aves características destes locais. No Sabugueiro, situado a cerca de 1050m de altitude, é geralmente possível observar o pardal-comum (espécie rara na serra!), a alvéola-branca, o rabirruivo-preto, a andorinha-dáurica, a andorinha-das-rochas e a cia. Nas Penhas da Saúde, situadas a 1500m, o pardal-comum é raro, mas nos telhados das casas podem por vezes ser vistos melros-das-rochas; as árvores circundantes albergam melros, chapins e tentilhões, ao passo que no Inverno ocorrem aqui bandos de lugres.

Outros locais

Para além dos locais atrás referidos, que coincidem, em boa medida, com os principais circuitos percorridos pelos visitantes, vale a pena considerar a possibilidade de procurar locais menos conhecidos e mesmo efectuar alguns percursos pedestres, onde as hipóteses de observar outras espécies interessantes aumentam. Por exemplo, a partir de Manteigas é possível subir até às Penhas Douradas, visitando a represa de Vale de Rossim. Nesta área, onde o número de visitantes é geralmente mais reduzido do que na Torre, existem pequenas matas de vidoeiro e pinheiro-silvestre, que albergam uma comunidade de aves variada. Junto à Pousada de S. Lourenço há alguns terrenos agrícolas, onde também podem ser encontradas outras espécies de aves. Outro percurso interessante consiste em seguir a estrada que conduz ao covão da Ponte, que atravessa alguns pinhais, que alternam com extensos giestais, aqui ocorrendo a felosa-do-mato, o papa-amoras e a cia.

Em suma, para todos aqueles que se interessam pela observação de aves, a serra da Estrela constitui certamente um local a considerar, não só pela beleza das suas paisagens mas também pelas suas aves.

A melhor época para observar aves nidificantes coincide com o final da Primavera e o início do Verão (Maio a Julho). Durante o resto do ano, também podem ser encontradas algumas aves interessantes, contudo no Inverno convém evitar os fins-de-semana, em que o número de carros supera certamente o número de aves!

Publicado no jornal ABC Ambiente n° 34, de Julho e Agosto de 2002.

Explorando o distrito de Viseu

Situado na Beira Alta, limitado a norte pelo rio Douro e a sul pelo rio Mondego, o distrito de Viseu é, a par do de Santarém, um dos dois distritos do continente que não tem linha de costa nem de fronteira. Privado assim das zonas húmidas costeiras e das zonas de influência mediterrânica, coberto por vastos pinhais e eucaliptais, este distrito não é particularmente rico em aves – tem um elenco de 150 espécies de aves e nunca foi especialmente popular entre os observadores de aves, tendo ficado sempre um pouco esquecido. Não se pense, porém, que o distrito é pouco interessante para a observação de aves – pelo contrário, existem diversos locais de interesse que albergam espécies pouco comuns e que merecem ser visitados. Neste artigo sugerem-se alguns itinerários para a exploração deste distrito.

Caracterização

O distrito de Viseu compreende 24 concelhos. Está situado na faixa de transição das zonas de influência atlântica, a oeste, para as zonas de influência mediterrânica, a leste. Estas características reflectem-se na composição do coberto vegetal e, naturalmente, na avifauna da região.

A parte mais ocidental do distrito abrange os vales dos rios Mondego, Vouga e Dão (que correm para oeste). Trata-se de uma zona bastante povoada, onde o coberto vegetal se encontra muito alterado, dominando as plantações de eucaliptos e pinheiros-bravos. Do ponto de vista ornitológico esta é a zona menos interessante.

No extremo noroeste do distrito ergue-se a serra de Montemuro que, com os seus 1340 metros de altitude, é uma das seis mais altas do país e constitui o local de maior altitude desta região.

A parte oriental, e em especial a zona nordeste, situa-se também a uma cota relativamente elevada, destacando-se as serras de Leomil e da Lapa. Aqui a vegetação é dominada por matagais e carvalhais, embora ainda apareçam as plantações de pinheiro-bravo. O rio Távora, que corre para norte, é o principal curso de água desta parte do distrito, cujo limite setentrional é formado pelo rio Douro.

As zonas urbanas

Quando pensamos em aves de zonas habitadas, vêm-nos à mente o vulgar pardal-do-telhado e o pombo-doméstico. Contudo, os meios urbanos albergam bastante mais espécies e nos aglomerados populacionais do distrito de Viseu é possível encontrar diversas aves interessantes.

Os andorinhões-pretos marcam presença em praticamente todas as sedes de concelho, sendo de assinalar uma interessante colónia no castelo de Penedono. Os andorinhões-pálidos, menos abundantes, têm sido observados sobretudo na parte sul da região, nomeadamente na cidade de Viseu e também em Penalva do Castelo. Além disso, a maioria dos núcleos urbanos do distrito tem a sua colónia de andorinhas-dos-beirais.

Nas vilas e também nas aldeias, é frequente encontrar-se a andorinha-das-chaminés, o rabirruivo-preto, a alvéola-branca e ainda a rola-turca, que se distribui pela maior parte da região considerada.

Os parques e jardins urbanos são frequentados por diversas espécies de passeriformes, como o melro-preto, o pisco-de-peito-ruivo, o chapim-azul e a trepadeira-comum. No caso da cidade de Viseu, o parque Aquilino Ribeiro é uma boa opção para procurar estas aves.

As serras

A serra de Montemuro, situada entre Castro Daire e Cinfães, é a elevação mais importante do distrito de Viseu. Esta serra, que actua como contraforte da serra da Estrela, encontra-se coberta por matagais, pequenos carvalhais (sobretudo de carvalho-negral), afloramentos graníticos e alguns terrenos agrícolas. É atravessada por uma rede de estradas municipais, que a tornam relativamente acessível e fácil de visitar e explorar. Aqui podem ser encontradas, com relativa facilidade, diversas espécies de aves características de zonas de altitude e que, embora frequentes no alto Minho ou em Trás-os-Montes, que são relativamente pouco comuns a sul do rio Douro. Destacam-se a sombria, a petinha-dos-campos, a ferreirinha-comum, o papa-amoras e a laverca. Junto à aldeia de Campo Benfeito, existe uma colónia de andorinhas-das-barreiras, espécie pouco frequente nesta região do país. As pequenas manchas de carvalho-negral na zona de Bigorne são bons locais para procurar a felosa-de-bonelli.

O distrito possui duas outras serras que se elevam acima dos 900 metros: são elas a serra de Leomil, perto de Moimenta da Beira, e a serra da Lapa, na zona de Sernancelhe. Ambas as serras se encontram mal exploradas do ponto de vista ornitológico, sendo de crer que aqui ocorram também as espécies características da região montemurana.

Os pinhais

Os pinheiros-bravos cobrem uma parte substancial do distrito, geralmente sob a forma de plantações. Estas atingem maior expressão nos concelhos de São Pedro do Sul, Viseu, Mangualde, Sátão e Vila Nova de Paiva, mas podem ser encontrados bosquetes de dimensão variável um pouco por todo o distrito, muitas vezes misturados com eucaliptos ou alternando com matagais. Este não é um habitat especialmente interessante para a avifauna, no entanto algumas espécies são bastante comuns e são mais fáceis de observar neste biótopo. Destacam-se o chapim-carvoeiro, o chapim-de-poupa, o pica-pau-verde, o pica-pau-malhado-grande e a estrelinha-de-cabeça-listada.

As barragens

O distrito de Viseu é parco em zonas húmidas e as que existem não são especialmente interessantes, pelo facto de serem muito "cavadas" (isto é, com margens íngremes e águas profundas), o que as torna pouco propícias à ocorrência de aves aquáticas. Ainda assim, nestas barragens é possível encontrar algumas espécies de aves que estão ausentes do resto da região.

No extremo sudoeste do distrito, a sul de Mortágua e Santa Comba Dão, a barragem da Aguieira é a maior mancha de água de todo o distrito. Muito profunda e rodeada de eucaliptos, esta albufeira é bastante pobre em aves. Durante a época reprodutora, destaca-se o ubíquo milhafre-preto, que frequentemente patrulha as águas da albufeira em busca de alimento, sendo quase impossível não dar por ele quando se circula no IP3. Perto de Mangualde, a pequena barragem de Fagilde tem sido pouco explorada por observadores de aves, sabendo-se que já aqui foram observados mergulhões-pequenos e mergulhões-de-crista.

A mais interessante mancha de água do distrito parece ser a albufeira de Vilar, situada sobre o rio Távora, entre Moimenta da Beira e Sernancelhe. Com as suas margens arenosas e espraiadas, é um local onde habitualmente se observam alguns patos, bem como corvos-marinhos, mergulhões-de-crista e garças-reais. O guarda-rios também é regular nesta zona e por vezes têm sido observadas algumas limícolas, como o abibe, o perna-verde ou o maçarico-bique-bique.

Publicado no jornal Quercus Ambiente n° 35, de Maio e Junho de 2009.

A importância dos caniçais

Um dos habitats mais importantes existentes no nosso país são os caniçais. Estas formações distribuem-se de norte a sul do território, normalmente na orla de zonas húmidas, sendo mais frequentes no litoral, particularmente em estuários, rios, lagoas e pauis. Pontualmente também ocorrem no interior. A importância dos caniçais para as aves é muito grande e por isso a conservação deste tipo de habitat deve ser assegurada.

O caniço é uma planta monocotiledónea, pertencente à família das gramíneas. O seu nome científico é *Phragmites australis*. Desenvolve-se em solos encharcados e pode atingir mais de três metros de altura. Os caniços crescem muito perto uns dos outros, dando origem a formações muito densas denominadas caniçais. Estas formações adquirem, muitas vezes, a forma de ilhas, sendo rodeadas por zonas de água livre, valas ou ribeiros.

Os caniçais formam um tipo de habitat aquático e estão presentes tanto em zonas de água doce como em áreas de água salobra, ocorrendo principalmente ao longo das margens, em locais onde as raízes das plantas permanecem húmidas durante a maior parte do ano. A capacidade de adaptação do caniço é surpreendente, já que, nas zonas estuarinas, esta planta consegue suportar a água salgada quando a maré sobe e a água doce quando a maré desce.

No interior dos caniçais forma-se um microclima caracterizado por valores médios de temperatura e humidade do ar sensivelmente mais elevados que nas regiões envolventes. Por outro lado, a elevada densidade de caules no interior de um caniçal faz com que as acções do vento e da radiação solar sejam fortemente atenuadas. Estes factores facilitam a fixação de numerosas espécies animais, com especial destaque para os insectos e as aves.

Do ponto de vista biológico, os caniçais são meios naturais de grande riqueza e produtividade e constituem um habitat muito importante para diversas espécies de aves. A diversidade de aves presentes nos caniçais varia bastante de mês para mês e há espécies que só estão presentes em certas épocas do ano.

Comunidades de aves nidificantes

Devido à profusão de insectos que aí existe na Primavera e no Verão, os caniçais são apreciados por diversas espécies de passeriformes insectívoros, residentes ou estivais, que preferem este tipo de habitat para aí implantarem os seus ninhos. Entre as espécies estivais mais características deste tipo de habitat, são de referir três espécies de felosas, todas elas migradoras, que nos visitam na Primavera, vindas de África, para nidificarem nos nossos caniçais. São elas: o rouxinol-pequeno-dos-caniços, o rouxinol-grande-dos-caniços e a felosa-unicolor. Todas estas espécies constroem um ninho em forma de taça e usam os talos dos caniços como suporte para o ninho, o qual fica assim como que "suspenso" no ar. Há também algumas espécies de passeriformes residentes, como o rouxinol-bravo, que, apesar do seu nome, pertence à família das felosas e também nidifica nos caniçais; a escrevedeira-dos-caniços, que em Portugal nidifica sobretudo na metade norte do território e constrói o seu ninho no meio da vegetação densa, junto à base dos caniços; e o bico-de-lacre, espécie granívora de origem africana que foi introduzida no país há cerca de 40 anos e é hoje frequente na maioria dos caniçais de Portugal.

Os caniçais são igualmente importantes como local de nidificação para duas espécies de garças: a primeira é a garça-vermelha, que instala os seus ninhos entre os caniços; as maiores colónias de garças-vermelhas situam-se na ria de Aveiro e nos estuários do Tejo e do Sado, em zonas onde há extensos caniçais. A segunda é a garça-pequena (ou garçote), que constrói um ninho suspenso entre os talos de caniço, ao jeito do rouxinol-grande-dos-caniços, estando por isso igualmente muito dependente da presença de caniçais.

Outro grupo bem representado nos caniçais do nosso país é o dos ralídeos: espécies como o frango-d'água, a galinha-d'água, o galeirão e o caimão (ou galinha-sultana) são frequentes neste tipo de habitat durante todo o ano.

Refira-se, ainda, uma ave de rapina – o tartaranhão-ruivo-dos-pauis –, que nidifica frequentemente nos caniçais do litoral.

Espécies não nidificantes

Para além das espécies nidificantes já referidas, os caniçais albergam várias espécies de aves migradoras, que nos visitam na época fria ou ocorrem em Portugal durante as passagens migratórias.

Assim, nos meses de Agosto e Setembro, os caniçais servem de refúgio a diversas outras espécies de felosas, com destaque para a felosa-musical, a felosa-malhada, a felosa-dos-juncos e, mais raramente, a felosa-aquática. Estas quatro espécies, oriundas do centro e do norte da Europa, passam por aqui a caminho de África, juntamente com muitos rouxinóis-pequenos-dos-caniços vindos de outros países europeus e que aqui ocorrem em passagem. No final do Verão, os caniçais são igualmente usados como dormitórios por grandes bandos de andorinhas-das-chaminés, andorinhas-das-barreiras ou alvéolas-amarelas. A realização de campanhas outonais de anilhagem em caniçais, nomeadamente na Lagoa de Santo André, no Paul da Tornada e no Baixo Mondego, tem permitido capturar um grande número de aves migradoras, algumas das quais portadoras de anilhas estrangeiras, e conhecer melhor as comunidades de aves que ocorrem nesses habitats.

No Inverno, é possível encontrar nos caniçais outras espécies migradoras que escolhem o nosso país para passarem a estação fria. É o caso do chapim-de-faces-pretas, espécie oriunda da Europa central e oriental e que inverna nos caniçais nosso país, principalmente no centro e no sul. Também a escrevedeira-dos-caniços, que é um nidificante raro na metade norte do país, é bastante frequente no Inverno nos caniçais do território português.

Ameaças e conservação

Ao longo das últimas décadas, tem havido uma crescente pressão sobre as zonas húmidas, com vista ao seu aproveitamento económico por parte dos sectores agrícola, industrial e turístico. Este aproveitamento passa, muitas vezes, pela drenagem e pelo subsequente enxugo destas zonas, o que provoca a sua degradação do ponto de vista ambiental. Conhecem-se diversos casos de caniçais, particularmente no Algarve e no litoral alentejano, que sofreram danos ou foram completamente destruídos. Nalguns casos os terrenos foram drenados, noutros casos foram queimados para fins cinegéticos, noutros ainda foram pisoteados pelo gado bovino. Há ainda casos de caniçais que, embora não tendo desaparecido, têm vindo a ser alvo de grandes pressões e transformações nas áreas envolventes, pondo em risco a sobrevivência do próprio caniçal.

Felizmente, a crescente consciencialização do público para a importância ambiental das zonas húmidas ter permitido travar a destruição desenfreada dos caniçais e assegurar a conservação de algumas zonas de maior valor ecológico, havendo hoje muitos caniçais que estão situados em áreas protegidas.

Do ponto de vista ornitológico, os caniçais destacam-se como sendo um habitat de particular importância, sendo vitais para diversas espécies de aves. A conservação dos caniçais é, por isso, fundamental para que possa ser assegurada a sobrevivência das espécies que deles dependem e, consequentemente, a biodiversidade.

Publicado no jornal Quercus Ambiente nº 18, de Abril de 2006.

As aves da Madeira

Nos últimos anos a Madeira tem merecido uma crescente atenção, por parte de ornitólogos e observadores de aves, que aqui se deslocam propositadamente com o intuito de observar as aves da região. As aves mais procuradas pelos visitantes são as espécies endémicas e as aves marinhas. Com efeito, as aves destes dois grupos são as mais características do arquipélago e por isso têm merecido mais destaque, quer por parte das associações, quer até na Internet. Contudo, a avifauna da Madeira é bastante variada e não se esgota nestes dois grupos de aves.

Os endemismos madeirenses

Uma das características mais marcantes dos meios insulares em termos de biodiversidade é a existência de um elevado número de endemismos, isto é, de espécies (ou subespécies) cuja distribuição mundial se encontra restrita a uma ilha ou conjunto de ilhas.

No caso das aves da Madeira, existem três espécies de aves que são endémicas da ilha e mais três espécies que apenas são partilhadas com outras ilhas da região macaronésica.

As três espécies que ocorrem unicamente na Madeira são:

- *Freira da Madeira* (Pterodroma madeira*) – trata-se de uma ave marinha que se encontra fortemente ameaçada. O único local de nidificação conhecido situa-se nas terras altas da ilha da Madeira, perto do Pico do Arieiro.*

- *Pombo-trocaz* (Columba trocaz*) – este pombo de hábitos florestais encontra-se distribuído pela floresta de laurissilva e tem uma população estimada de 3000 indivíduos. Esta espécie é geneticamente próxima de duas outras espécies de pombo existentes nas ilhas Canárias* (Columba bollii *e* C. junoniae*).*

- *Bis-bis* (Regulus madeirensis*) – Esta minúscula ave, a mais pequena da Madeira, distribui-se um pouco por toda a ilha. Até* *há pouco tempo era considerada conspecífica da estrelinha-de-cabeça-listada, que se distribui pela Europa continental, mas recentemente foi-lhe atribuído o estatuto de espécie. É uma ave relativamente comum na ilha da Madeira.*

As quatro espécies que se encontram restritas à Macaronésia são:

- *Freira do Bugio (Pterodroma feae) – É uma ave marinha aparentada à Freira da Madeira. Por vezes é avistada em viagens por mar, por exemplo entre a Madeira e o Porto Santo. Nidifica no ilhéu do Bugio (Desertas) e também nalgumas ilhas do arquipélago de Cabo Verde.*

- *Andorinha-da-serra (Apus unicolor) – Encontra-se na Madeira e nas Canárias. É uma ave de hábitos aéreos que pode ser vista em voo em qualquer local da ilha.*

- *Corre-caminho (Anthus berthelotii) – É uma pequena ave insectívora, da família das petinhas, que ocorre em todas as ilhas do arquipélago da Madeira, incluindo as Desertas e as Selvagens, e também pelo arquipélago das Canárias. É comum e fácil de observar em zonas abertas.*

- *Canário-da-terra (Serinus canaria) –Esta espécie granívora, parente próximo do canário-doméstico, é muito comum e relativamente fácil de observar em toda a ilha. Distribui-se pelos arquipélagos da Madeira, dos Açores e das Canárias.*

Aves marinhas

Para além dos endemismos, o "prato forte" da Madeira são as aves marinhas. Adicionalmente às duas freiras, já mencionadas, nidificam na região algumas outras espécies de aves marinhas. A ordem mais bem representada é a dos Procelariiformes, que conta com nada menos que 7 espécies: as duas freiras, já mencionadas, o pintainho ou pardela-pequena (*Puffinus assimilis*), a alma-negra ou pardela-de-bulwer (*Bulweria bulwerii*), a cagarra (*Calonectris diomedea*), o roque-de-castro (*Oceanodroma castro*) e o calca-mar (*Pelagodroma marina*) – este último apenas nas Selvagens. A sobrevivência destas aves depende da existência de locais de nidificação seguros e por isso é importante assegurar a conservação dos locais de nidificação conhecidos. A principal ameaça à integridade das colónias são os predadores terrestres, muitas vezes introduzidos por mão do Homem, nomeadamente gatos e ratos.

Há ainda as vulgares gaivotas-argênteas (*Larus michahellis atlantis*) e os garajaus ou andorinhas-do-mar (*Sterna hirundo*), que nidificam em diversos ilhéus em redor da ilha.

Outras aves nidificantes

Apesar do destaque que os endemismos e as aves marinhas justamente merecem, é importante lembrar que a diversidade avifaunística do arquipélago da Madeira não se esgota nestas espécies e incluem muitas outras espécies de aves. Entre as mais características e bem distribuídas, refiram-se: a manta (chamada águia-d'asa-redonda no continente), a lavandeira (alvéola-cinzenta), o papinho (pisco-de-peito-ruivo), o melro e o tentilhão. Outras são mais escassas e têm uma distribuição mais localizada, como o cigarrinho (toutinegra-tomilheira), o pardal-da-terra (pardal-francês) ou o pintarroxo. Um caso curioso é o do lugre, que só há poucos anos foi descoberto a nidificar nos bosques de coníferas de maior altitude.

No total, a comunidade de aves nidificantes do arquipélago conta cerca de 40 espécies de aves, assim distribuídas:

- 4 espécies de aves de rapina (sendo 3 diurnas e 1 nocturna)
- 10 espécies de aves marinhas
- 1 espécie de ralídeo
- 2 espécies de limícolas
- 2 espécies de andorinhões
- 2 ou 3 espécie de columbídeos (pombos e rolas)
- 1 espécie de poupa
- 15 espécies de passeriformes
- 3 espécies introduzidas

Adicionalmente, ocorrem na região diversas espécies de aves europeias durante as épocas de passagem migratória. Os grupos mais bem representados são as aves aquáticas, nomeadamente as limícolas, os moleiros, as gaivotas, os garajaus (andorinhas-do-mar) e, em menor quantidade, as garças. Também é frequente observarem-se alguns passeriformes migradores, alguns dos quais ficam regularmente para invernar, como a laverca, a lavandeira-branca (alvéola-branca) e o estorninho-malhado.

O Porto Santo

Apesar da sua relativa proximidade à Madeira, a ilha de Porto Santo apresenta características muito diferentes das da Madeira: é menos acidentada, tem menos vegetação e é consideravelmente mais árida. Não surpreende, por isso, que a sua avifauna seja substancialmente diferente da da ilha-mãe. Com efeito, muitas das espécies que são frequentes nas zonas arborizadas da Madeira são raras ou estão ausentes no Porto Santo. Em contrapartida, ocorrem aqui algumas espécies que são difíceis de ver na Madeira. É o caso da poupa, do pardal-espanhol e do pardal-da-terra (pardal-francês). Por outro lado, a existência de alguns pontos de água doce (no "Tanque" e no campo de golfe) atrai algumas espécies de aves migradoras, como mergulhões, colhereiros e limícolas, que encontram aqui um local de repouso e de alimentação. Assim, o Porto Santo constitui um local de grande interesse para os observadores de aves, seja para os que pretendem observar as aves nidificantes que não ocorrem na Madeira, seja para os que se interessam pela observação de espécies raras.

Publicado no jornal Quercus Ambiente nº 29, de Maio e Junho de 2008.

Sob o efeito do isolamento

Situados em pleno Oceano Atlântico, a meio caminho entre a Europa e a América, os Açores possuem uma diversidade avifaunística reduzida, pelo menos quando comparada com a do continente. Contudo, a comunidade de aves dos Açores assume particular importância conservacionista, devido às grandes populações de aves marinhas que aí nidificam e à existência de um endemismo – o priolo.

"Açores – férias que nunca esquecem" – certamente já ouviu este mote que ter servido para desafiar os portugueses a irem passar férias aos Açores. As imagens de ilhas verdes, com muitas flores e vacas a pastar, transmitem a ideia de uma zona natural de grande beleza. E, de facto, a beleza das nove ilhas açorianas é inquestionável.

Contudo, é necessário referir que o património natural deste arquipélago se encontra muito delapidado e que os verdes prados que cobrem estas ilhas não constituem o seu habitat natural, tendo sido criados pelo Homem, à custa da vegetação que originalmente cobria o território – a laurissilva. Entretanto, foram introduzidas diversas plantas infestantes, como as hortênsias e as rocas, e plantadas monoculturas de resinosas (*Cryptomeria japonica*), o que veio contribuir para transformar a paisagem, afastando-a cada vez mais do seu aspecto original.

O isolamento a que as ilhas estão sujeitas torna-as particularmente vulneráveis às acções do Homem e estas repercutem-se na avifauna.

As aves terrestres

A comunidade de aves terrestres dos Açores é relativamente pouco variada e não abrange mais de uma vintena de espécies. Algumas destas espécies, como o pintassilgo, o verdilhão e o pardal-comum, foram introduzidas pelo Homem, enquanto outras, como o melro, o tentilhão, a alvéola-cinzenta e a estrelinha-de-poupa, possuem populações autóctones. Há também duas espécies de aves de rapina – uma diurna (águia-d'asa-redonda) e outra nocturna (bufo-pequeno), uma subespécie de pombo-torcaz e uma população de codornizes.

Por não ocorrer no continente, merece destaque o canário (*Serinus canaria*), uma pequena ave granívora que se distribui por todas as ilhas dos Açores e que também ocorre na Madeira e nas ilhas Canárias.

Porém, o *ex-libris* dos Açores é o priolo (*Pyrrhula murina*). Esta ave é endémica de S. Miguel, o que significa que não existe em mais nenhum local do mundo – e ocorre unicamente na parte oriental desta ilha (Serra da Tronqueira – Pico da Vara). A sua população é de cerca de cem casais[5], sendo esta espécie considerada altamente ameaçada, pelo que a sua conservação requer toda a nossa atenção. A principal medida de protecção passa pela conservação do seu habitat natural – as florestas de laurissilva – que se encontram fortemente ameaçadas pelas plantações de *Cryptomeria japonica*.

Refira-se também que uma outra ave que só existia nos Açores (um pombo escuro da laurissilva) ter-se-á extinguido em tempos históricos, presumivelmente devido à destruição do seu habitat natural.

As aves marinhas

O arquipélago dos Açores é extremamente importante para as populações de aves marinhas que aí nidificam. Estas aves são coloniais e podem ser vistas em todas as ilhas, contudo as principais colónias situam-se em ilhéus, onde os ovos e as crias estão a salvo dos predadores terrestres, seus principais inimigos – especialmente as ratazanas e os gatos.

Podemos distinguir dois grupos de aves marinhas: as gaivinas ou andorinhas-do-mar, de hábitos diurnos; e os procelariiformes

---

[5] Nos últimos anos a população recuperou consideravelmente, os dados mais recentes apontam para um total de 600 a 800 casais.

(painhos e pardelas), de hábitos nocturnos – estas aves passam o dia no mar e só vêm a terra à noite.

Entre as andorinhas-do-mar podem ser observadas duas espécies, uma das quais, a andorinha-do-mar-rósea, tem aqui a maior população de Europa.

Quanto aos procelariiformes, a espécie mais abundante é a cagarra, ou pardela-de-bico-amarelo, com uma população de cerca de 250 mil casais, o que representa mais de metade da população mundial; durante as noites de Verão, os gritos desta espécie, fazendo lembrar o choro de um recém-nascido, ecoam por todas as ilhas.

Os Açores albergam também populações importantes de pardela-pequena e de painho-da-madeira[6], enquanto a pardela-sombria e a alma-negra são mais escassas (ver tabela).

As raridades

A observação de raridades, oriundas da Europa ou da América do Norte, tem mobilizado vários ornitólogos de Portugal e de outros países, que visitam os Açores, sobretudo no final do Verão e no Outono, em busca de migradores perdidos que apareçam por aquelas paragens. De facto, a localização estratégica destas ilhas no meio do Atlântico permite que estas sirvam de refúgio a aves migradoras que se desviaram das suas rotas, devido a condições meteorológicas adversas ou simplesmente a deficientes capacidades de orientação.

No que toca a raridades que aparecem nos Açores, o grupo de aves que se faz representar mais frequentemente é, sem dúvida, o das limícolas; entre estas, há algumas espécies de origem americana que, embora raras, são de ocorrência anual na região (perna-amarela-pequeno, pilrito-de-colete), especialmente na Terceira. O segundo grupo mais bem representado é, provavelmente, o dos patos, que surgem regularmente nas

---

[6] De acordo com as informações actualmente disponíveis, ocorrem nos Açores duas espécies de painhos: o painho-da-madeira e o painho-de-monteiro (*Oceanodroma monteiroi*).

Flores e, esporadicamente, noutras ilhas. Para além destes grupos de aves, há ainda a salientar a presença regular de garças e de gaivotas de origem americana e, mais raramente, de passeriformes[7].

Populações de aves marinhas nos Açores

Espécie	População (casais)	Principais colónias
Cagarra (*Calonectris diomedea*)	150000 a 250000	Corvo, S. Jorge
Pardela-pequena (*Puffinus baroli*)	500 a 1000	Flores, Corvo
Pardela-sombria (*Puffinus puffinus*)	110	Flores, Corvo
Alma-negra (*Bulweria bulwerii*)	50	Santa Maria
Painho-da-Madeira (*Oceanodroma castro*)	750 a 1000	Graciosa
Andorinha-do-mar-comum (*Sterna hirundo*)	4000	Flores, Santa Maria
Andorinha-do-mar-rósea (*Sterna dougallii*)	1100	Flores, Santa Maria

---

[7] Nos últimos anos, prospecções regulares efectuadas no Outono no Corvo têm produzido um aumento considerável do número de registos de passeriformes.

Onde observar aves nos Açores

A observação de aves nos Açores pode ser pouco entusiasmante, devido à reduzida diversidade de espécies que aí ocorrem. Ainda assim, podem ser observadas algumas espécies interessantes.

As aves terrestres (com excepção do priolo) podem ser observadas em quase todas as ilhas, embora algumas espécies (como a águia-d'asa-redonda e o pisco-de-peito-ruivo) não ocorram nas Flores e no Corvo. O priolo encontra-se limitado à parte oriental da ilha de S. Miguel (serra da Tronqueira), mas pode não ser fácil de encontrar, devido à sua escassez.

As aves marinhas podem ser difíceis de observar, devido aos seus hábitos nocturnos. As cagarras e as andorinhas-do-mar observam-se facilmente a partir de terra, mas as restantes espécies podem constituir um verdadeiro desafio. Recomenda-se a realização de um trajecto de barco entre as ilhas do grupo central.

Quanto às raridades, podem ocorrer em qualquer local, contudo existem alguns locais "clássicos" onde as espécies raras tendem a aparecer. Entre os principais locais, são de assinalar:
- FLORES, as lagoas, especialmente as menos profundas
- CORVO, o Caldeirão
- PICO, as Lajes do Pico e as lagoas
- FAIAL, a zona de Porto Pim
- S. JORGE, a Fajã dos Cubres e a Fajã da Caldeira de Santo Cristo
- TERCEIRA, o Cabo da Praia, perto de Praia da Vitória
- S. MIGUEL, as lagoas e a zona dos Mosteiros

Publicado no jornal ABC Ambiente n° 32, de Fevereiro de 2002.

O novo atlas das aves

Teve início em 1999 o "Novo Atlas das Aves que nidificam em Portugal". Este projecto, uma iniciativa do Instituto da Conservação da Natureza (ICN)[8], visa aprofundar o conhecimento existente sobre a avifauna do nosso país e conta com a participação de numerosos observadores de aves, voluntários e profissionais.

Para compreender a abrangência e a importância deste projecto é importante referir que este não é o primeiro trabalho deste género a ser publicado em Portugal. Com efeito, o *Atlas das Aves que nidificam em Portugal Continental*, cujos trabalhos de campo tiveram lugar entre 1978 e 1984, foi publicado em 1989, tendo então constituído um trabalho pioneiro e obtido um lugar de topo entre as referências da ornitologia nacional. A sua execução esteve a cargo do extinto Serviço Nacional de Parques, Reservas e Conservação da Natureza (SNPRCN). Para além deste, foram publicados, ao longo dos últimos 10 anos, diversos atlas regionais, dedicados unicamente ao estudo da avifauna de uma determinada região. Muitos destes atlas regionais foram realizados em áreas protegidas, sendo de salientar o facto de alguns deles conterem igualmente informação sobre a avifauna invernante.

Mas afinal o que é um atlas?

Um atlas constitui um levantamento o mais exaustivo possível da avifauna existente numa dada área. Pretende-se concretamente conhecer as espécies que ocorrem nessa área e conhecer a distribuição de cada uma delas em pormenor. Opcionalmente, o atlas poderá envolver uma componente de quantificação, por forma a permitir determinar as zonas onde

---

[8] Actualmente Instituto da Conservação da Natureza e das Florestas (ICNF).

cada espécie é mais abundante. Quando a componente de quantificação não existe, o modelo utilizado designa-se por presença / ausência.

É importante que o esforço de campo seja de alguma forma estandardizado e seja distribuído por toda a área de estudo. Assim, é habitual recorrer-se a uma grelha de quadrículas, a qual é aplicada à região escolhida. A utilização de uma grelha facilita a distribuição do trabalho de campo e a representação da distribuição das espécies sob a forma de um mapa.

O *Atlas das Aves que nidificam em Portugal Continental*, atrás referido, foi o primeiro trabalho que permitiu obter uma percepção da distribuição das espécies no nosso país, recorrendo a esse tipo de distribuição (ver figura).

O Novo Atlas

A principal justificação para a realização de um novo atlas prende-se com a necessidade de actualizar o conhecimento existente. Com efeito, ao longo dos 15 anos que decorreram desde a conclusão dos trabalhos de campo do anterior atlas, foi possível detectar alterações significativas na área de distribuição e nas populações de diversas espécies. Algumas espécies, como o milhafre-real (*Milvus milvus*) regrediram substancialmente, havendo mesmo casos de extinções recentes, como é o caso da águia-pesqueira (*Pandion haliaetus*). Por outro lado, algumas espécies como o tordo-comum (*Turdus philomelos*), viram a sua área de distribuição aumentar nos últimos anos e, no caso do andorinhão-cafre (*Apus caffer*), a nidificação em Portugal é um fenómeno recente, detectada apenas durante a década de 90, ou seja, muito depois da conclusão do anterior atlas. Estes são apenas alguns dos casos detectados, mas não há dúvida que um projecto com a abrangência do Novo Atlas das Aves que nidificam em Portugal permitirá obter muitas informações até aqui desconhecidas.

Mas não é tudo: o Novo Atlas, para além de vir a permitir actualizar o conhecimento existente sobre a avifauna de Portugal Continental, contém uma adição importante relativamente ao anterior atlas: a inclusão das Regiões Autónomas dos Açores e da Madeira. Com efeito, nenhuma destas regiões foi até à data abrangida por um atlas ornitológico, pelo que se espera que este projecto venha igualmente aumentar o nosso conhecimento sobre as aves que aí nidificam.

A grelha de quadrículas utilizada neste projecto baseia-se no sistema UTM (Universal Transverso de Mercator) e possui uma malha de 10x10 km. Isto conduz a um total de cerca de 1000 quadrículas a visitar.

A equipa

Como é evidente, a prospecção de uma área tão vasta com o grau de detalhe imposto pela malha escolhida só poderia ser efectuada com a participação de muitos observadores. Para assegurar o sucesso do projecto, foi celebrado um acordo de cooperação entre o ICN e a Sociedade Portuguesa para o Estudo das Aves (SPEA). A participação do ICN na realização dos levantamentos é feita através dos seus técnicos, que se encontram distribuídos por todo o país, com especial incidência nos serviços centrais e nas áreas protegidas. A SPEA organiza a participação de observadores voluntários não profissionais, que se encontram distribuídos por todo o país e permitem dar uma importante contribuição para a recolha de informação no terreno.

Devido à vastidão do território continental, este foi dividido em 14 regiões. Para cada região foi nomeado um Organizador Regional, a quem compete organizar e supervisionar a realização dos trabalhos de campo na respectiva área. É este elemento que efectua o contacto entre os observadores e o ICN e a SPEA.

No caso das Regiões Autónomas dos Açores e da Madeira, a organização do projecto é assegurada pela Direcção Regional de Ambiente – Açores (DRAA) e pelo Parque Natural da Madeira (PNM), respectivamente, contando ainda com o apoio das delegações regionais da SPEA existentes nessas regiões.

Publicado no jornal Quercus Ambiente nº 1, de Agosto de 2003.

Aves marinhas da costa portuguesa

O recente desastre do Prestige teve consequências trágicas sobre a vida selvagem, tendo havido um grande número de aves que vieram dar à nossa costa, mostrando como é frágil o ecossistema marinho e os seres que nele habitam. Paradoxalmente, apesar de serem muito comuns ao largo da nossa costa, as aves marinhas são relativamente pouco conhecidas de muitos ornitólogos que, por apenas se dedicarem à observação das aves em terra firme, raramente têm oportunidade de observar de perto essas aves.

O contacto visual com as aves marinhas pode ser feito de três formas: nas colónias, a partir da costa ou no mar alto. Vejamos separadamente qual é a estratégia a adoptar em cada caso.

Nas colónias

Muitas espécies, apesar de serem estritamente pelágicas, vêm a terra firme para nidificar, pois só em terra podem depositar os seus ovos com segurança. A maioria destas colónias situa-se em ilhas ou ilhéus, onde geralmente não há mamíferos nem aves de rapina e as colónias se encontram menos expostas à predação. Em Portugal existem colónias nas ilhas Berlengas, nas ilhas Desertas, nas ilhas Selvagens e em quase todas as ilhas e ilhéus dos Açores e da Madeira. É preciso ter em conta que muitas aves marinhas só estão presentes nas colónias durante a época de nidificação, após o que regressam ao mar alto. Além disso, algumas espécies só vêm a terra à noite e passam o dia no mar, pelo que as condições de observação são limitadas. É de assinalar que muitas colónias se situam em áreas protegidas, onde o acesso humano pode ser interdito ou sujeito a restrições, sendo conveniente obter as necessárias autorizações se se pretender visitar um desses locais.

A partir da costa

Apesar dos seus hábitos pelágicos, certas espécies deslocam-se amiúde ao longo da faixa costeira, podendo por vezes ser avistadas a partir de terra. Embora os avistamentos sejam frequentemente muito distantes, não é raro haver aves que passam a pequena distância da nossa costa, especialmente sob condições meteorológicas adversas, como ventos fortes de oeste ou sudoeste, que empurram as aves em direcção a terra. Os pontos mais favoráveis à observação de aves marinhas são aqueles em que a costa apresenta pontos proeminentes (cabos) – assim, o cabo Raso, o cabo Espichel, o cabo de São Vicente e a Ponta da Piedade (Lagos) são alguns dos melhores pontos para observar aves marinhas na costa portuguesa[9]. Convém chegar ao local ao nascer do dia, uma vez que os movimentos de aves marinhas são mais intensos a essa hora.

No mar alto

O contacto com as aves marinhas no seu habitat natural – o mar alto – constitui uma experiência inesquecível, uma vez que permite a observação destas espécies a pequena distância em pleno dia. Os melhores locais de observação situam-se geralmente a 10 ou 15 km da costa, coincidindo com o limite da plataforma continental – esta é a zona onde existe maior disponibilidade de recursos alimentares e onde, por conseguinte, o número de aves marinhas é mais elevado. Para conseguir chegar a esta zona, será necessário um barco que permita efectuar o transporte e que sirva, simultaneamente, como local de observação. A forma mais frequente consiste em fretar um barco por um dia (4 a 8 horas), que esteja disponível para esta expedição. O preço desta saída é geralmente de 300 a 500 euros, a dividir pelo número de interessados. Assim, se for possível reunir, por exemplo, 20 pessoas, a expedição já pode ser realizada por um preço acessível. Nos últimos anos têm-se

---

[9] O cabo Carvoeiro, perto de Peniche, também merece referência.

realizado regularmente saídas pelágicas no final do Verão, na zona de Sagres.

As espécies das águas portuguesas

As espécies que nidificam em Portugal Continental são as seguintes:

- Corvo-marinho-de-crista (*Phalacrocorax aristotelis*) – a principal colónia desta espécie situa-se nas ilhas Berlengas, havendo também alguns casais dispersos ao longo da costa rochosa; ao contrário das restantes espécies, não frequenta o mar alto, permanecendo nas imediações das colónias durante todo o ano.
- Gaivota-argêntea (*Larus michahellis*) – Ocorre ao longo de toda a costa, sendo as Berlengas o principal local de nidificação; em apenas 60 anos, a população desta gaivota aumentou quase 100 vezes, constituindo hoje um sério problema nesse local devido à sobrepopulação.
- Cagarra (*Calonectris diomedea*) – A única colónia desta espécie, com algumas centenas de casais, situa-se nas Berlengas; contudo esta espécie pode ser observada em abundância ao longo de toda a costa entre Fevereiro e Novembro.
- Painho-da-madeira (*Oceanodroma castro*) – Nidifica nas ilhas Berlengas, onde existe uma população com algumas centenas de casais; raramente é observado fora dessa área.
- Airo (*Uria aalge*) – É o único representante da família Alcidae a nidificar em Portugal; dos 6 mil casais existentes em 1939, restam apenas algumas dezenas[10]; devido à sua escassez esta espécie é hoje rara em águas portuguesas.

---

[10] De acordo com os dados mais actuais, a espécie já não nidifica em Portugal.

Para além destas espécies, ocorrem nas águas portuguesas várias outras espécies oriundas do Árctico, das ilhas do Atlântico Norte, do Mediterrâneo e também dos mares do Sul. As espécies que podem ser vistas com maior regularidade são as seguintes:

- Pardela-sombria (*Puffinus mauretanicus*) – Espécie oriunda do Mediterrâneo, que ocorre ao longo da nossa costa durante todo o ano.
- Pardela-preta (*Puffinus griseus*) – Migrador de passagem regular ao longo da nossa costa, oriundo do Atlântico sul. Ocorre de Agosto a Outubro e é mais frequente no mar alto, sendo poucas vezes observado a partir de terra.
- Pardela-de-bico-preto (*Puffinus gravis*) – Migrador de passagem pouco frequente, oriundo dos mares do Sul, que ocorre sobretudo no final do Verão; devido aos seus hábitos pelágicos, só raramente é observável a partir da costa.
- Painho-casquilho (*Oceanites oceanicus*) – Oriundo dos mares do Sul, é uma das aves marinhas mais abundantes do mundo; nas águas portuguesas é regular no final do Verão, mas só raramente se aproxima da costa.
- Ganso-patola (*Morus bassanus*) – Muito comum; ocorre ao longo de toda a costa e durante todo o ano, sendo mais numeroso no Inverno.
- Moleiro-parasítico (*Stercorarius parasiticus*) – Migrador de passagem e invernante, oriundo do Árctico, que ocorre sobretudo de Agosto a Abril; observado regularmente a partir da costa.
- Moleiro-pomarino (*Stercorarius pomarinus*) – Menos frequente que a espécie anterior, ocorre sobretudo em passagem migratória, podendo ser visto a partir da costa e no mar alto.
- Moleiro-grande (*Stercorarius skua*) – É o maior dos moleiros, oriundo da Escócia e de outras ilhas do Atlântico Norte: em Portugal, ocorre regularmente como invernante, podendo por vezes ser visto em grandes números após temporais.

- Gaivota-de-sabine (*Xema sabini*) – Migradora de passagem pouco frequente, oriunda do Árctico, que ocorre sobretudo no final do Verão; espécie de hábitos marcadamente pelágicos, so raramente é observável a partir da costa.
- Torda-mergulheira (*Alca torda*) – Invernante regular ao longo da costa, facilmente observável a partir de terra; por vezes penetra nos estuários ou nas docas.

Publicado no jornal ABC Ambiente nº 36, de Janeiro e Fevereiro de 2003.

Gaivotas em terra

Para os observadores de aves, as gaivotas representam um dos grupos mais difíceis, devido às inúmeras semelhanças entre as diferentes espécies, que tornam a identificação destas aves bastante complexa. Apesar de tudo, encontrar gaivotas raras no meio dos grandes bandos de espécies mais comuns pode ser um verdadeiro desafio.

Alguma vez pensou em dar um salto à praia no Inverno? À primeira vista, a ideia pode parecer aberrante, mas a realidade é que as praias podem ter outros motivos de interesse para além do sol e da água. Uma visita à praia numa manhã de Inverno permitirá constatar que esta não se encontra deserta, sendo frequentada por pescadores, praticantes de *jogging* e outros desportistas, donos de cães, com os respectivos "apêndices", e, ocasionalmente, até por indivíduos com detectores de metais, em busca de moedas, jóias e outros objectos metálicos perdidos pelos veraneantes.

Para os ornitólogos, o Inverno é uma das épocas mais interessantes para visitar as praias, pois é nesta época que é possível encontrar grandes concentrações de gaivotas. Tipicamente, as gaivotas repousam na praia durante a noite e dispersam-se durante o dia para as suas áreas de alimentação. Contudo, a quantidade de gaivotas varia muito de umas praias para outras, sendo mais interessantes aquelas onde existem grandes dormitórios.

Onde e quando?

Embora as gaivotas possam ser vistas um pouco por toda a costa e até em certas áreas do interior, é junto às grandes zonas húmidas costeiras (estuários e lagoas) que estas aves podem ser vistas em maior variedade, uma vez nessas zonas ocorrem tanto as espécies estuarinas como as de hábitos pelágicos (isto é, de alto mar). No caso destas últimas, sabe-se que a sua probabilidade de ocorrência em terra é maior sob condições meteorológicas adversas, sobretudo quando há ventos fortes de oeste, que "empurram" as aves até à nossa costa. Assim, uma visita matinal às praias após uma sequência de alguns dias de temporal produzirá certamente observações interessantes.

Entre as melhores praias para procurar gaivotas "interessantes" contam-se as praias da costa do Estoril, especialmente a praia de Carcavelos, onde nos últimos anos têm sido observadas diversas espécies pouco frequentes. No entanto, há outros locais com potencialidades, nomeadamente toda a costa do Algarve, a zona de Vila Nova de Milfontes, os estuários do Tejo e do Sado, a Lagoa de Óbidos, o Cabo Carvoeiro, a zona da Figueira da Foz e algumas praias da Costa Verde. É preciso referir, contudo, que muitos destes locais não são prospectados regularmente, pelo que o seu potencial ornitológico poderá não estar totalmente explorado.

No que diz respeito à época, há que ter em conta que quase todas as espécies de gaivotas que ocorrem em Portugal são invernantes ou migradoras de passagem. Assim, é fora da época de nidificação (sobretudo e Setembro a Março) que é possível encontrar a maior diversidade de espécies. No entanto, conforme se referiu, algumas espécies apresentam um padrão de ocorrência que está fortemente relacionado com as condições atmosféricas, pelo que é importante decidir as visitas em função da evolução do estado do tempo.

Um verdadeiro desafio

A identificação de gaivotas não é tarefa fácil e os potenciais interessados em descobrir gaivotas raras enfrentam duas grandes dificuldades. A primeira reside no facto de haver 3 espécies muito numerosas (ver tabela), que geralmente representam 99% dos bandos de gaivotas, pelo que encontrar as espécies mais raras no meio destas é como "procurar agulha em palheiro". A segunda dificuldade está relacionada com a grande diversidade de plumagens das várias espécies, correspondentes a aves de diferentes idades; com efeito, as gaivotas levam 3 a 4 anos até adquirirem a plumagem adulta, havendo diversas plumagens "intermédias" correspondentes a indivíduos imaturos; assim, é possível que num bando de gaivotas de uma só espécie ocorrem várias plumagens diferentes, baralhando os observadores menos experientes. Por isso, há que saber identificar correctamente as plumagens das espécies mais comuns, para então conseguir identificar as espécies menos frequentes.

Para conseguir identificar com segurança as diferentes espécies de gaivotas, é conveniente dispor de um bom guia de identificação. Para as espécies mais fáceis, um guia de campo convencional é suficiente – entre os mais correntes refiram-se "Birds of Britain and Europe", de Lars Jonsson e "Collins Bird Guide" de Killian Mullarney e outros. No entanto, os interessados em saber todos os pormenores de identificação de todas as espécies nas suas várias plumagens poderão adquirir um guia mais especializado, como "The MacMillan Field Guide to Bird Identification" de Alan Harris e outros, ou "Seabirds" de Peter Harrison ou ainda o "Gulls: a guide to identification" de Peter Grant – este último é dedicado exclusivamente à identificação de gaivotas e, para além de textos e ilustrações, possui dezenas de excelentes fotografias.

Espécies de gaivotas que ocorrem regularmente em Portugal

Nome vulgar	Nome científico	Estatuto e distribuição
Gaivota-argêntea	*Larus michahellis*	Residente comum ao longo da costa; nidifica nas Berlengas e nos sectores rochosos da costa
Gaivota-d'asa-escura	*Larus fuscus*	Invernante comum em praias, estuários e por vezes em barragens
Guincho	*Larus ridibundus*	Invernante comum em praias, estuários e outras zonas húmidas, como pauis e arrozais
Gaivota-de-cabeça-preta	*Larus melanocephalus*	Invernante pouco comum, que pode ser numerosa após temporais. Ocorre em praias, principalmente no sul e também no mar alto.
Alcatraz	*Larus marinus*	Invernante pouco comum ou raro. Ocorre em praias

Gaivota-parda	*Larus canus*	Invernante rara. Ocorre em praias
Gaivota-pequena	*Hydrocoloeus minutus*	Migradora de passagem e invernante rara.
Gaivota-de-audouin	*Larus audouinii*	Migradora de passagem que é regular no Algarve, em Agosto, e rara no resto do país. Ocorre em salinas e estuários.
Gaivota-tridáctila	*Rissa tridactyla*	Invernante pouco comum, de hábitos pelágicos. Pode ser observada a partir da costa, mas raramente vem a terra.

Espécies de ocorrência irregular ou acidental

Nome vulgar	Nome científico	Estatuto e distribuição
Gaivota-de-bico-fino	*Larus genei*	Muito rara e de ocorrência irregular. Por vezes ocorre no sotavento algarvio
Gaivota-de-bonaparte	*Larus philadelphia*	Muito rara, observada em diversas ocasiões na costa do Estoril
Gaivota-risonha	*Larus atricilla*	Muito rara, apenas um registo conhecido em anos recentes
Gaivota de Sabine	*Xema sabini*	Espécie pelágica, possivelmente regular ao largo mas de ocorrência excepcional junto à costa
Gaivota do Delaware	*Larus delawarensis*	Espécie de origem americana. Observada anualmente em certas praias.
Gaivota-hiperbórea	*Larus hyperboreus*	Acidental, dois registos conhecidos
Gaivota-polar	*Larus glaucoides*	Acidental, três registos conhecidos
Gaivota-de-patas-rosadas	*Larus argentatus*	Invernante muito rara, possivelmente anual. Ocorre em praias.

Publicado no jornal ABC Ambiente nº 31, de Novembro de 2001.

Águias-pesqueiras em Portugal

Em 1997, a extinção da águia-pesqueira em Portugal fazia a manchete principal de um grande jornal diário português. Contudo, todos os anos continuam a ser vistas águias-pesqueiras no nosso país. Afinal as águias-pesqueiras voltaram? Ou será que nunca se extinguiram? No presente artigo explica-se a situação actual da espécie no nosso país e no resto da Europa.

A águia-pesqueira é uma espécie emblemática. Sendo a única rapina da Europa especializada em captura e consumo de peixe, apresenta um certo carisma que a torna motivo de interesse para qualquer observador de aves. É uma espécie cosmopolita, que se distribui pelos cinco continentes. Na Europa nidifica principalmente na Escandinávia e na Escócia, contando com pequenas populações na Europa de Leste e na região mediterrânica (Córsega e Baleares). No Centro e no Norte da Europa surge associada a manchas de água doce e nidifica sobretudo em árvores, enquanto as populações do sul da Europa surgem associadas à orla marítima, nidificando geralmente em sectores da costa rochosa ou ilhéus. Em Portugal nidificou em diversos locais ao longo da costa rochosa até 1996, não havendo registos de nidificação posterior. Olhando para o passado, facilmente se constata que a evolução da sua situação no nosso país não constitui motivo de orgulho.

Um século de regressão progressiva

A história conhecida da população nidificante de águia-pesqueira em Portugal é sempre de regressão. Os dados mais antigos de que há conhecimento remontam ao início do século, em que Diogo Fernandes Ferreira refere a presença desta espécie, tanto na costa rochosa, como também em pinhais. A utilização de pinhais seria, aliás, referida também pelo rei D. Carlos de Bragança, nos finais do século XIX. Na primeira metade do século XX eram conhecidos bastantes ninhos na costa sul do Algarve. Ao longo de todo o século XX a população de águia-pesqueira foi diminuindo progressivamente, até atingir apenas dois casais em 1980, passando para um casal em 1992. Cinco anos mais tarde a fêmea do último casal morreu, assinalando a extinção da espécie como nidificante em território português. Nos anos que se seguiram houve observações isoladas nas zonas onde a espécie costumava nidificar, mas não voltou a haver qualquer confirmação de nidificação[11].

No resto da Europa verificou-se, igualmente, uma tendência de regressão acentuada durante o século XIX e a primeira metade do século XX, sobretudo devido à perseguição humana. A utilização de armas de fogo desempenhou um papel importante nesta perseguição, movida por caçadores (por exemplo em Malta) mas também por proprietários de explorações de piscicultura ou coleccionadores de ovos (como sucedeu na Grã-Bretanha). Na França continental extinguiu-se como nidificante em 1939 e no caso de Espanha, onde nidificava na costa da Cantábria, extinguiu-se em 1960.

A aplicação de medidas de protecção permitiu assegurar uma recuperação populacional em tempos mais recentes, particularmente no norte da Europa. Merece destaque o caso da Escócia onde, depois de a espécie se ter extinguido como nidificante em 1916, teve lugar uma recolonização em 1955, tendo havido desde então um aumento populacional substancial; posteriormente, foi levado a cabo um programa de reintrodução da espécie na região de Rutland (Inglaterra), o qual tem tido um sucesso notável - para mais pormenores, sugere-se a consulta a http://www.ospreys.org.uk.

As aves não nidificantes

Apesar deste panorama pouco animador, a águia-pesqueira continua a poder ser observada com regularidade em Portugal ao longo de quase todo o ano. Contudo, as aves que aqui

---

[11] Em 2015, após uma ausência de quase vinte anos, voltou a registar-se a nidificação da águia-pesqueira na costa vicentina.

ocorrem são indivíduos em passagem migratória, oriundos principalmente do norte da Europa, que aqui surgem durante as suas viagens de e para África Ocidental, que constitui a principal zona de invernada das populações europeias. Uma parte substancial das aves que nidificam na Europa migra através do estreito de Gibraltar, tratando-se sobretudo de aves oriundas da Noruega e da Suécia. Alguns indivíduos ficam mesmo para invernar, principalmente nos grandes estuários e nalgumas albufeiras do interior, onde se alimentam. Os estudos efectuados até hoje sobre a dieta da espécie em Portugal revelam que as espécies capturadas com mais frequência são: o robalo, a carpa, o sargo e várias espécies de tainhas.

Não falta quem acredite na recolonização do nosso país por parte desta espécie e por isso em certos locais têm sido colocadas, com o apoio de organizações não-governamentais, plataformas-ninho situadas no topo de postes e a pequena distância de água; tenta-se, com estas medidas, que a espécie tenha onde fazer o seu ninho. Contudo, as perspectivas de voltar a ter a águia-pesqueira como nidificante no nosso país é muito reduzida, pelo menos nos próximos anos, não só porque as populações do sul da Europa parecem apreciar mais a costa rochosa em detrimento de albufeiras e estuários, mas também porque as causas da regressão da espécie no nosso país não são bem conhecidas[12].

Onde encontrar a águia-pesqueira

Embora possa ser vista em Portugal em quase todos os meses do ano, a águia-pesqueira é principalmente um migrador de passagem no nosso país. Os períodos em que pode ser observada com mais frequência são: Março-Abril e novamente em Setembro.

---

[12] Em 2011 teve início na albufeira de Alqueva um projecto de reintrodução, com recurso a aves provenientes do Norte da Europa. Em 2015 e 2016 a espécie nidificou pela primeira vez nesta zona.

Durante estas épocas de passagem, a águia-pesqueira tem sido observada um pouco por todo o território, desde a faixa costeira até às albufeiras do interior alentejano e aos vales do Tejo e Douro superiores, junto à fronteira. No entanto, é nas grandes zonas húmidas do litoral que a espécie pode ser observada com maior frequência. Os estuários do Tejo e do Sado são dois dos locais onde a águia-pesqueira ocorre em passagem migratória e também no Inverno, podendo ser observada a pescar nos estuários ou pousada em postes. Ocorre também em zonas húmidas de menores dimensões, como a Lagoa de Santo André ou a ria de Alvor. No interior tem sido registada com alguma regularidade no Paul do Boquilobo e nas albufeiras de Odivelas e do Caia, entre outras. Note-se, contudo, que em muitos destes locais a sua presença é esporádica, pelo que uma prospecção regular aumentará bastante as possibilidades de observar esta ave.

Ficha técnica

- **Nome vulgar**: Águia-pesqueira
- **Outros nomes vernáculos**: Aurifrísio, Gavião-branco, Guincho, Mugeiro, Pilha-peixe, Rabanho-branco
- **Nome científico**: *Pandion haliaetus*
- **Dimensão**: 55-68 cm; envergadura 145-170 cm
- **Descrição**: grande rapina de asas longas e estreitas e cauda curta; partes superiores escuras, com a coroa branca; partes inferiores brancas, penas de voo mais escuras; a mancha carpal escura é característica e permite distinguir esta espécie de outras aves de rapina de médio porte; plana com as asas tipicamente arqueadas, podendo fazer lembrar uma gaivota.
- **Voz**: geralmente silenciosa fora das zonas de cria.
- **Habitat**: quase sempre perto de água; frequenta estuários, barragens, cursos de água de caudal lento e por vezes a orla costeira
- **Distribuição**: ocorre um pouco por todo o mundo, desde a América do Norte à Austrália, passando pela Europa, por Cabo Verde e pelo Japão
- **Estatuto migratório**: a maior parte das aves migra para zonas tropicais durante o Inverno; em Portugal é actualmente visitante não nidificante, que pode ser observada quase ao longo de todo o ano, mas com maior incidência nas épocas de passagem migratória; alguns indivíduos invernam entre nós.

Publicado no jornal Quercus Ambiente nº 11, de Novembro e Dezembro de 2004.

Observação de mergulhões

Os mergulhões são aves bem adaptadas à vida no meio aquático, no qual passam a quase totalidade do seu tempo. Aliás, são aves bastante desajeitadas em terra. Como o seu nome sugere, são aves bem adaptadas a mergulhar, fazendo-o para capturar as suas presas. Mas afinal com que se parecem estas aves? O que as distingue dos patos mergulhadores? Onde podem ser encontradas?

Embora superficialmente parecidos com patos, os mergulhões pertencem, na verdade, a uma família diferente – a família Podicipedidae. Distinguem-se dos patos, entre outros aspectos, pelo facto de os seus pés terem os dedos lobados e não com membranas.

Das vinte espécies de mergulhões existentes em todo o mundo, ocorrem na Europa cinco espécies, das quais três podem ser encontradas regularmente em Portugal. Cada espécie de mergulhão apresenta uma distribuição diferente e suas preferências de habitat são também distintas, pelo que só ocasionalmente é possível ver duas espécies diferentes de mergulhões em conjunto. A identificação das várias espécies é bastante fácil durante a época de reprodução, devido à sua plumagem colorida, mas no Inverno as aves apresentam uma plumagem menos vistosa, sendo, pois, necessário observá-las com mais atenção, a fim de as poder identificar com segurança.

Para ficarmos a conhecer melhor este grupo de aves, iremos apresentar cada espécie separadamente.

O mergulhão-pequeno

É o mais comum e também o mais pequeno dos mergulhões que ocorrem em Portugal. Tem uma distribuição alargada no nosso território, mas é mais comum na metade sul do país, onde se encontra a maioria do habitat favorável. Este é composto por zonas de água doce ou salobra com abundante vegetação emergente, como pauis, lagoas costeiras, açudes, barragens ou, mais raramente, em cursos de água. Entre os locais que reúnem maiores concentrações desta espécie, é de referir o Paul do Boquilobo, onde se encontram várias dezenas de casais reprodutores. A partir do Verão, o mergulhão-pequeno surge também em zonas um pouco mais descoberta, como tanques de salinas, águas livres de estuários, valas de drenagem e lagoas costeiras, como a Lagoa de Santo André, onde já foram observadas concentrações envolvendo várias centenas de aves.

A alimentação desta espécie é composta por diversas espécies de invertebrados aquáticos, incluindo moluscos, crustáceos e insectos, bem como por pequenos peixes e larvas de anfíbios.

Durante a Primavera o mergulhão-pequeno é uma espécie bastante ruidosa, podendo as suas vocalizações ser ouvidas com facilidade. Os seus ninhos são construídos sobre a água, sendo a base do ninho formada por vegetação aquática (por vezes vegetação flutuante).

Quando se sente ameaçado, esta espécie mergulha ou esconde-se rapidamente entre a vegetação.

O mergulhão-de-pescoço-preto

Este mergulhão não nidifica em Portugal, ocorrendo no país quase exclusivamente como invernante, sobretudo de Outubro a Março. É relativamente raro a nível nacional, contando com uma população invernante que não deverá ultrapassar a centena e meia de aves. A espécie ocorre igualmente noutras zonas húmidas do litoral, como estuários e lagoas costeiras, sendo comparativamente rara em águas interiores. O melhor local para encontrar este mergulhão é, sem dúvida, o estuário do Sado, onde em certos Invernos já foram contadas várias dezenas de indivíduos, os quais frequentam principalmente as águas livres do estuário. Parece ser também regular, se bem que em menor número, nos estuários do Cávado e do Tejo, nas lagoas de Albufeira e de Santo André e nalgumas zonas húmidas do litoral algarvio.

Embora possa ser confundido com o mergulhão-pequeno, uma observação atenta revelará que esta espécie é um pouco maior, com um pescoço mais longo e esbranquiçado, mantido em posição vertical, o que lhe confere uma postura mais direita. Alimenta-se sobretudo de insectos e outros invertebrados aquáticos, podendo também capturar peixes e anfíbios.

Ocasionalmente, têm sido observados, na Primavera, indivíduos em plumagem nupcial, exibindo o pescoço preto e as características "orelhas" amarelas. Estas observações têm sido efectuadas principalmente no Algarve, sendo de assinalar que a espécie nidifica nas marismas do Guadalquivir, não muito longe da fronteira portuguesa.

O mergulhão-de-crista

É o maior dos nossos mergulhões, sendo praticamente do tamanho de um pato-real. Distingue-se pelo seu longo pescoço, mantido em posição vertical, o que lhe confere um aspecto elegante. O seu habitat favorito consiste em grandes planos de água doce, ocorrendo principalmente nas grandes albufeiras. É bastante frequente nas barragens do Alentejo e da Beira Baixa, mas também pode ser encontrado em diversas albufeiras da metade norte do território. No Inverno surge também nalgumas zonas húmidas do litoral, como estuários e lagoas costeiras. É observado quase sempre a nadar, sendo por isso relativamente fácil de observar, se bem que muitas vezes seja visto a grande distância, já que não gosta de se aproximar das margens. Contrariamente ao que acontece com os outros mergulhões, alimenta-se principalmente de peixes, que captura com um mergulho, podendo igualmente consumir invertebrados aquáticos.

Durante a Primavera este mergulhão exibe a sua bonita plumagem nupcial e as aves podem ser observadas aos pares, enquanto realizam a corte. No Inverno apresenta uma plumagem mais discreta, podendo ser facilmente identificado pelo seu longo pescoço branco.

É provável que esta espécie seja hoje mais comum em Portugal do que o era no passado, já que os principais locais onde ocorre (grandes albufeiras) foram criados artificialmente ao longo dos últimos 50 anos.

Lá por fora

A pensar nos observadores de aves que levam os binóculos nas suas deslocações ao estrangeiro, vale a pena lembrar que, para além das três espécies já referidas, ocorrem na Europa duas outras espécies de mergulhões.

A primeira é o mergulhão-de-pescoço-ruivo (*Podiceps grisegena*). Esta ave, parecida com um mergulhão-de-crista um pouco mais pequeno e com um pescoço arruivado, distribui-se sobretudo pela Europa central e oriental, e pode ser observada em zonas de água doce pouco profunda, deslocando-se no Inverno para zonas costeiras ou estuarinas.

A segunda é o mergulhão-de-pescoço-castanho (*Podiceps auritus*). Trata-se de um mergulhão característico dos lagos pouco profundos da Europa setentrional e que também inverna nas águas costeiras e estuarinas do norte e do centro da Europa. Mais pequeno que o anterior, é bastante parecido com o mergulhão-de-pescoço-preto, especialmente quando em plumagem de Inverno.

Nenhuma destas espécies ocorre regularmente em Portugal, embora no caso da segunda espécie exista um registo de duas aves observadas no estuário do rio Minho em 01.11.1993.

Por fim, refira-se o mergulhão-de-bico-grosso (*Podilymbus podiceps*), uma espécie americana que é muito rara na Europa, mas que já tem sido observada nos Açores, onde é, ainda assim, de ocorrência acidental.[13]

---

[13] Em Novembro de 2014 uma ave desta espécie foi observada no estuário do Cávado, tendo este sido o primeiro registo em Portugal Continental.

GUIA DE CONSULTA RÁPIDA

Nome vulgar	Nome científico	Abundância	Estatuto migratório	Zonas onde é mais comum
Mergulhão-pequeno	*Tachybaptus ruficollis*	Comum	Residente	Pauis, açudes e lagoas
Mergulhão-de-pescoço-preto	*Podiceps nigricollis*	Pouco comum a raro	Invernante	Estuários e lagoas costeiras
Mergulhão-de-crista	*Podiceps cristatus*	Pouco comum	Residente e invernante	Albufeiras

Publicado no jornal Quercus Ambiente nº 17, de Dezembro de 2005.

Andorinhas-dos-beirais

Das cinco espécies de andorinhas que ocorrem habitualmente em Portugal, a andorinha-dos-beirais, que gosta de construir os seus ninhos sob os beirais das casas, é, provavelmente, a mais conhecida das pessoas que moram em zonas urbanas.

O regresso das primeiras andorinhas-dos-beirais anuncia a proximidade da Primavera. Esta espécie deve o seu nome justamente ao hábito de construir os ninhos sob os beirais das casas, muitas vezes em edifícios habitados, sendo por isso uma espécie que partilha o seu espaço com o Homem.

O ninho desta andorinha tem a forma de meia esfera ou de um quarto de esfera. É mais fechado que o de outras espécies de andorinhas, tendo apenas uma pequena abertura, situada junto ao topo e voltada na direcção oposta à dos ninhos adjacentes.

No que se refere aos locais de construção dos ninhos, estes situam-se geralmente numa parede vertical, imediatamente por baixo de uma saliência (esta pode ser um beiral, uma cornija ou uma varanda), muitas vezes no local da aresta ou no mesmo vértice. Os ninhos são implantados quase exclusivamente em construções humanas – a preferência vai para edifícios de habitação ou de outra natureza, como tribunais, escolas ou igrejas. Havendo muita disponibilidade de locais de nidificação, as aves tendem a preferir locais elevados, muitas vezes a 10 ou 20 metros de altura – talvez seja por isso que os tribunais são escolhidos com frequência.

Contudo, quando os grandes edifícios escasseiam, nomeadamente em pequenos aglomerados populacionais, como as aldeias, a espécie vê-se obrigada a colocar os seus ninhos a alturas inferiores, muitas vezes a escassos 3 metros do solo, sob os beirais de casas que apenas têm o rés-do-chão – esta situação já foi observada em aldeias um pouco por todo o país, desde Trás-os-Montes ao Algarve.

Também existem ninhos fora das zonas habitadas, mas neste caso o local escolhido situa-se em geral próximo de água; as estruturas mais procuradas são as barragens de betão e as pontes – nestes casos os ninhos são habitualmente construídos na parte inferior do tabuleiro, por vezes a poucos metros sobre a água, estando assim a salvo dos predadores terrestres.

A andorinha-dos-beirais é uma espécie colonial, o que significa que os seus ninhos raramente aparecem isolados, surgindo antes em grupos, que recebem o nome de colónias. A dimensão das colónias é muito variável, podendo ir de poucas dezenas a muitas centenas de ninhos. A densidade de ninhos numa dada colónia é, também ela, variável, em função das características do local e da disponibilidade de espaço. A situação mais típica é aquela em que os ninhos se encontram lado a lado, formando uma fiada contínua. Contudo, há casos de colónias pouco coesas, em que cada prédio apenas tem dois ou três ninhos (com um ninho por baixo de cada varanda), havendo outras que são tão densas, que os ninhos formam várias fiadas horizontais paralelas e compactas, dispondo-se verticalmente em vários "andares" (conhecem-se casos de sete andares sobrepostos).

Uma questão que se levanta com frequência sobre a andorinha-dos-beirais é a seguinte: se na actualidade a espécie nidifica quase exclusivamente em construções humanas, qual seria a sua abundância num passado remoto, quando essas construções eram escassas? Em que locais nidificaria?

Relativamente à abundância, não há dados concretos, embora seja de crer que a espécie fosse muito menos numerosa que actualmente, dado o menor número de locais de nidificação disponíveis. Quanto ao habitat, existem evidências de que as andorinhas-dos-beirais nidificavam em zonas rochosas, nomeadamente falésias em vales alcantilados, como por exemplo nos rios Tejo e Douro superiores (onde ainda recentemente foram encontradas pequenas colónias neste tipo de habitat). No entanto, o recurso a este tipo de suporte parece ser hoje a excepção e não a regra.

Andorinhas mal-amadas

A andorinha-dos-beirais alimenta-se de insectos, que captura quase exclusivamente em voo. Da sua dieta fazem parte principalmente os afídeos (vulgarmente conhecidos por pulgões), que constituem uma praga para a agricultura, e também as pequenas moscas, tantas vezes incómodas para as pessoas. Assim, a andorinha-dos-beirais, ao eliminar insectos nocivos ou incómodos, contribui positivamente para o bem-estar do ser humano.

Apesar disso, as andorinhas nem sempre são bem acolhidas, especialmente porque a existência de colónias de aves desta espécie é, muitas vezes, sinónimo da presença de dejectos que caem dos ninhos. Por causa disto, são frequentes os casos de destruição intencional das colónias de andorinhas, cuja proximidade é indesejada. Muitas vezes as aves "despejadas" voltam a construir os ninhos no ano seguinte, no mesmo local, por isso nalguns casos as operações de limpeza dos ninhos são acompanhadas da colocação de redes nas paredes, a fim de evitar a recolonização do local em causa. Sendo a andorinha-dos-beirais uma espécie protegida por lei, estes actos de destruição de ninhos são ilegais e podem dar origem a processos na justiça. Um dos casos mais mediatizados aconteceu em 1999, no Alto Alentejo: a grande colónia de andorinhas-dos-beirais que existia situada no edifício do tribunal de Nisa foi mandada destruir pelo próprio tribunal, com uma autorização especial do Instituto da Conservação da Natureza. Esta destruição motivou uma queixa, apresentada pela associação ambientalista FAPAS (Fundo para a Protecção dos Animais Selvagens) e desencadeou um processo que o Estado português perdeu, tendo a entidade infractora (o tribunal de Nisa) sido obrigada a mandar retirar as redes de protecção que havia mandado instalar para evitar a reocupação do espaço por parte das andorinhas. Este caso mostrou que as espécies protegidas devem ser respeitadas e que o Estado deve dar o exemplo em matéria de conservação da natureza.

Ficha técnica

- **Nome vulgar**: Andorinha-dos-beirais
- **Nome científico**: *Delichon urbicum*
- **Dimensão**: 14-15 cm.
- **Descrição**: preta e branca. O preto abrange as partes superiores, as asas e a cauda, ao passo que o branco se estende desde a garganta até ao ventre e também abrange o uropígio.
- **Espécies semelhantes**: a andorinha-das-chaminés também tem as asas e o dorso pretos e a cauda comprida, mas falta-lhe o tom dourado no uropígio; a andorinha-dáurica tem o uropígio e as partes inferiores de tom dourado e não branco, sendo a cauda mais longa.
- **Habitat**: para nidificar, utiliza sobretudo construções humanas, como casas, igrejas, tribunais e escolas, mas também pontes, barragens e depósitos de água; para se alimentar, pode ocorrer em qualquer habitat, enquanto procura os insectos de que se alimenta.
- **Distribuição**: distribui-se por todo o território continental; de acordo com o Novo Atlas das aves de Portugal, a espécie é mais frequente na Estremadura, nas bacias do Tejo e do Douro e no litoral do Algarve. Não nidifica nas regiões autónomas (embora ocasionalmente aí apareça durante as migrações).
- **Estatuto migratório**: estival, pode ser observada principalmente desde meados de Fevereiro até Setembro ou Outubro, havendo observações ocasionais durante a estação fria.

Publicado no jornal Quercus Ambiente nº 41, de Maio e Junho de 2010.

A pega-rabuda

A pega-rabuda é uma das espécies mais conhecidas pelo cidadão comum. A sua plumagem preta e branca e a sua longa cauda tornam-na inconfundível e o seu hábito de pousar em locais bem visíveis, muitas vezes ao longo das estradas, fazem desta espécie uma das aves mais notadas por quem viaja pelas estradas do interior do país.

Muitas pessoas, quando em viagem, tendem a reparar, mais do que habitualmente, nas aves que ocorrem ao longo das estradas. O facto de estarem no interior de um veículo, com pouco mais para fazer do que observar a paisagem que as rodeia, torna qualquer ser vivo que surja ao longo da estrada num potencial motivo de interesse. Deste modo, não é de estranhar que, de vez em quando, algumas pessoas me perguntem: "Estava eu de viagem pelo Alentejo e vi uns pássaros pretos e brancos com uma longa cauda, pousados em postes ao longo da estrada. Sabes de que espécie seriam?". Apesar de, muitas vezes, a questão ser colocada por pessoas sem qualquer experiência de observação de aves, a descrição apresentada é suficiente para que seja possível determinar a identificação da ave em causa. Assim, a resposta é imediata: "Eram certamente pegas-rabudas".

A pega-rabuda pertence à família dos corvídeos, que abrange também o corvo, as gralhas, o gaio e a pega-azul. É uma ave de média dimensão, que se destaca pela sua plumagem contrastante e pela sua longa cauda. À primeira vista parece ser apenas preta e branca; no entanto, quando é observada de perto e em boas condições de iluminação, são visíveis alguns tons púrpura e esverdeados na cauda. Esta ave não se assemelha a qualquer outra espécie europeia, sendo por isso inconfundível.

Uma ave oportunista

O ninho da pega-rabuda é formado por ramos entrelaçados e é construído perto do topo duma árvore caducifólia, por exemplo um plátano ou um freixo. No Alentejo, as pegas constroem muitas vezes os seus ninhos em árvores ao longo das principais estradas. Durante a época de cria, é muito difícil encontrar os ninhos, devido à densidade da folhagem. No entanto, no Inverno, quando estas árvores estão sem folhas, é bastante habitual encontrarem-se ninhos abandonados de pega-rabuda nas árvores despidas.

É uma ave muito oportunista, especialmente no que concerne à alimentação; de facto a sua dieta varia consoante o habitat e os recursos alimentares disponíveis. De uma forma geral, durante a Primavera e o Verão, os invertebrados constituem a sua presa preferencial; contudo, no Outono e no Inverno, este tipo de alimento escasseia, pelo que nessa época as pegas consomem maior quantidade de vertebrados e de plantas. Em particular, podem alimentar-se de cadáveres de animais atropelados.

Na maior parte da Europa, a pega-rabuda surge muitas vezes associada à presença humana, sendo frequente observá-la em núcleos urbanos, mesmo nos de maiores dimensões. Porém, em Portugal esta espécie parece evitar as zonas densamente povoadas e ocorre sobretudo em zonas rurais, geralmente longe de aglomerados populacionais. Deste modo, não é de estranhar que a espécie seja claramente mais frequente nas regiões do interior do que no litoral.

Perseguida por homens e cucos-rabilongos

Por comparação com as populações do Norte da Europa, é notória a maior timidez das aves portuguesas, que mantêm uma distância considerável de qualquer ser humano que se aproxime. A esta timidez não deverá ser alheio o facto de a espécie ser, ainda hoje, vítima de alguma perseguição por parte do Homem, devido aos alegados "estragos" que causa à agricultura.

Apesar de não haver dados concretos sobre a situação da pega-rabuda em Portugal, existem indícios de que esta espécie pode estar em regressão no nosso país. Esta evidência deriva do facto de a espécie ter desaparecido completamente de algumas áreas onde dantes ocorria regularmente – é o caso de uma grande parte do Baixo Alentejo ou de certas zonas do litoral centro.

Para além do Homem, a pega-rabuda possui outro inimigo natural: trata-se do cuco-rabilongo (*Clamator glandarius*). Esta ave parasita não constrói ninho e deposita os seus ovos nos ninhos de outras aves, sendo a pega-rabuda uma das suas vítimas predilectas. Assim, nas zonas onde as duas espécies coexistem (por exemplo, no Alto Alentejo), não é raro encontrar pegas-rabudas perseguindo ferozmente algum cuco-rabilongo que ousou aproximar-se demasiado do seu território.

Ficha técnica

- **Nome vulgar**: Pega-rabuda
- **Nome científico**: *Pica pica*
- **Dimensão**: cerca de 45cm (incluindo a cauda)
- **Habitat**: terrenos agrícolas com algumas árvores; paisagens em mosaico; ocorre principalmente em planície e, por vezes, junto a zonas habitadas, mas evita os grandes aglomerados populacionais
- **Alimentação**: invertebrados, especialmente besouros, bem como frutas e sementes; por vezes também se alimenta de pequenos vertebrados, lixo e cadáveres
- **Vocalizações**: o chamamento mais frequente é um "tchak-tchak-tchak"
- **Distribuição**: Distribui-se por toda a Europa; em Portugal distribui-se pela maior parte do território, sendo claramente mais comum no norte do que no sul e mais abundante no interior do que no litoral; é rara na Estremadura, no Ribatejo, no Baixo Alentejo, no Algarve.
- **Estatuto migratório**: residente e sedentária, ocasionalmente dispersiva

Publicado no jornal ABC Ambiente nº 28, de Maio de 2001.

Pardais ao ninho

O pardal é uma das aves mais conhecidas, devido à estreita relação que, desde tempos imemoriais, tem mantido com o Homem. De facto, esta espécie consegue tirar partido das actividades humanas como nenhuma outra. Utiliza as construções para nidificar e, muitas vezes, aproveita o alimento deixado pelas pessoas. Vamos procurar conhecer mais de perto esta ave que nos rodeia.

Mesmo quem não perceba nada de aves já ouviu certamente falar do pardal. Esta pequena ave partilha o seu dia-a-dia com os seres humanos, sendo frequente vê-la em zonas habitadas, seja nos passeios, nos telhados ou até nas varandas dos edifícios.

Originário do Velho Mundo (Europa, parte ocidental da Ásia e Norte de África), o pardal acabou por se expandir por quase todo o planeta, graças a introduções feitas pelo Homem, geralmente de forma deliberada, em diversos continentes e ilhas. Foi assim que esta pequena ave colonizou a América do Norte (1852), a Austrália (1863), a América do Sul (Argentina – 1872 e Brasil – 1905) e a África do Sul (cerca de 1900). A espécie foi também introduzida em inúmeras ilhas oceânicas, das quais se destacam os Açores, onde a primeira largada de pardais terá ocorrido no aeroporto das Lajes, ilha Terceira, em 1960. Deste modo, o pardal tornou-se uma espécie verdadeiramente cosmopolita, que actualmente só não ocorre nas regiões árcticas, na maior parte da África Central e em certas zonas da Ásia.

Como identificar um pardal

Os pardais ocorrem frequentemente junto a habitações humanas, frequentando tanto meios urbanos (onde ocorrem em edifícios, parques e jardins), como rurais (onde podem ser vistos nas casas, mas também nos terrenos agrícolas adjacentes). Por vezes existe a tendência de chamar "pardal" a qualquer ave pequena de aspecto castanho que se nos depare. Contudo, há outros pássaros que podem frequentar estes locais – é o caso dos rabirruivos, por exemplo, que frequentemente pousam nos telhados das casas e cantam nas antenas. Assim, para distinguir correctamente o pardal das outras espécies, convém conhecer as suas marcas mais distintivas.

Um aspecto característico do pardal é o seu bico grosso, que é típico das aves granívoras e que permite distingui-lo de espécies como o rabirruivo que, por serem insectívoras, têm o bico fino. No que diz respeito à plumagem, e apesar de ser basicamente uma ave castanha, o pardal possui alguns contrastes de cor, que permitem identificá-lo facilmente. Tal como sucede com muitas outras espécies, é o macho que ostenta as cores mais vivas, distinguindo-se pela coroa cinzenta, pelo babete preto e pelas faces brancas. A fêmea apresenta tons mais discretos, sendo essencialmente castanha. Os juvenis são semelhantes às fêmeas.

Abundante... ou talvez não

O pardal é uma das aves mais comuns no nosso país. Pode ser visto de norte a sul do território, em quase todas as zonas habitadas, desde o Minho ao Algarve e desde o centro da cidade de Lisboa até aos mais isolados "montes" alentejanos. Apenas está ausente dos locais mais elevados das nossas serras e das zonas densamente florestadas.

Mercê da sua abundância e da estreita relação que mantém com o Homem, o pardal-comum é uma espécie considerada relativamente pouco interessante pelos ornitólogos, merecendo por isso pouca atenção. Até hoje não suscitou grandes preocupações a nível de conservação.

Não existem estimativas rigorosas sobre a sua população – a única estimativa, algo grosseira, foi fornecida pelo Atlas das aves que nidificam em Portugal Continental, editado em 1989, e aponta para um total de mais de um milhão de casais, o que faz desta uma das espécies mais abundantes do nosso país. No entanto, esta situação poderá vir a mudar. Estudos efectuados recentemente no Reino Unido vieram revelar que a população de pardal-comum se encontra em regressão acentuada naquele país, tendo diminuído 50% em apenas 25 anos. Com efeito, no início da década de 1970 a população de pardais daquele país encontrava-se estimada em cerca de 12 milhões, situando-se actualmente nos seis milhões. Esta forte regressão é motivo de preocupação entre os ornitólogos britânicos, que se encontram já a procurar identificar as causas desta diminuição, tendo mesmo colocado o pardal na lista das espécies ameaçadas.

Será que o mesmo vai acontecer aos pardais lusitanos? O futuro dirá...

Ficha técnica

- **Nome vulgar**: Pardal-comum
- **Nome científico**: *Passer domesticus*
- **Dimensão**: 15-16 cm
- **Habitat**: de norte a sul do país, em zonas urbanas e rurais, geralmente próximo de habitações ou edifícios abandonados; parques e jardins públicos; pomares, terrenos agrícolas e olivais.
- **Alimentação**: principalmente sementes; no entanto, sendo uma ave oportunista, procura frequentemente restos de alimentos deixados pelos humanos e aceita também pedaços de pão que lhe sejam atirados por algum transeunte.
- **Vocalizações**: o pardal não canta, apenas emite uns sons simples, "tchup-tchup-tchup", embora com algumas variações.
- **Distribuição**: distribui-se de norte a sul do território continental, ocorrendo igualmente no arquipélago dos Açores, onde foi introduzido pelo Homem.
- **Estatuto migratório**: principalmente residente, podendo realizar pequenos movimentos dispersivos.

Publicado no jornal ABC Ambiente nº 35, de Novembro de 2002.

A estratégia parasita do cuco

Com a chegada da Primavera, as aves começam a cantar e todas elas dão início à construção dos seus ninhos. Todas? Bem, quase todas. Na verdade, há entre nós uma espécie que não constrói ninho e que se entretém a pôr os seus ovos em ninhos alheios, para não ter o trabalho de cuidar das crias. Essa espécie é o cuco-canoro, que chega de África em Março e faz ouvir o seu conhecido "cu-cu" até Junho.

Conhece aquela anedota do professor vesgo e do aluno cábula? Se não conhece, vale a pena recordar. Pergunta o professor ao aluno: "Menino Carlinhos, que pássaros conhece?". Responde prontamente o aluno: "Pássaros, passarinhos, passarões, aves de arribação e cucos". O professor comenta: "E um chumbinho, para matar essa passarada toda?". E vai o aluno: "E um olhinho torto, para errar a pontaria?".

Vem esta anedota a propósito da espécie que escolhi para o artigo de hoje – o cuco. Isto porque sempre houve algo que me fascinou nesta história: o destaque dado ao cuco. Ou seja, enquanto as outras aves da história se encontravam agrupadas em "lotes", como os passarinhos e as aves de arribação, o cuco era mencionado explicitamente. Mas por que razão o cuco era a única espécie individualizada das restantes? Porquê o cuco e não uma qualquer outra ave?

Embora a origem da anedota seja desconhecida, a escolha do cuco não foi certamente ao acaso. De facto, o cuco tem uma estratégia de reprodução única entre todas as aves do nosso país, uma vez que não constrói ninho nem cuida das suas crias. Em vez disso, procura um hospedeiro que se encarregue desta tarefa, depositando os seus ovos nos respectivos ninhos. Este comportamento, designado por parasitismo, é conhecido desde a antiguidade. Porém, a técnica utilizada pelo cuco é complexa e reveste-se de aspectos tão surpreendentes, que só recentemente foi estudada em pormenor, por isso vale a pena conhecê-la um pouco melhor.

A escolha do hospedeiro

Os cucos podem parasitar uma grande variedade de espécies e o leque de potenciais hospedeiros é muito vasto. Efectivamente, só na Europa existem registos de parasitismo de cuco em mais de 100 espécies diferentes de aves. No entanto, o cuco manifesta uma clara preferência por determinadas espécies, que são as mais frequentemente escolhidas para desempenhar a "nobre" tarefa de cuidar dos pequenos cucos; entre estas, refiram-se a ferreirinha (*Prunella modularis*), a carriça (*Troglodytes troglodytes*), o pisco-de-peito-ruivo (*Erithacus rubecula*), o rabirruivo-de-testa-branca (*Phoenicurus phoenicurus*), o rouxinol-pequeno-dos-caniços (*Acrocephalus scirpaceus*) e o rouxinol-grande-dos-caniços (*Acrocephalus arundinaceus*).

Não se pense, porém, que o cuco deposita os seus ovos no primeiro ninho que encontra. Bem pelo contrário, o ninho a parasitar é escolhido cuidadosamente. Ou melhor, os ninhos, pois cada cuco irá parasitar vários ninhos, depositando um ovo por ninho. Sendo que é a fêmea quem deposita os ovos, é ela quem escolhe a espécie a parasitar. Sucede porém que cada fêmea tende a especializar-se numa única espécie e deposita os seus ovos em ninhos dessa espécie; geralmente, trata-se da mesma espécie em cujo ninho ela nasceu. Isto significa que um cuco que tenha sido criado por um rouxinol-pequeno-dos-caniços irá parasitar sobretudo rouxinóis-pequenos-dos-caniços, etc.

A hora do "crime"

Uma vez escolhido um ninho a parasitar, é necessário executar a parte mais difícil: depositar um ovo no ninho do hospedeiro sem que este dê pelo logro. A postura do cuco terá de coincidir, em termos de data, com a época de postura do hospedeiro, por forma a aumentar a probabilidade de sucesso, pois é necessário que todos os ovos sejam incubados em simultâneo.

Curiosamente, a fêmea do cuco tem um extraordinário poder de observação, conseguindo pois determinar o momento oportuno para perpetrar o seu acto. Assim, antes da postura, a fêmea fica pousada numa árvore perto do ninho a parasitar, permanecendo totalmente imóvel durante uma hora ou mais. Quando a oportunidade surge, isto é, quando o hospedeiro se ausenta do ninho, a fêmea do cuco voa até ao ninho e retira um dos ovos existentes; seguidamente, segurando no bico o ovo roubado, deposita o seu próprio ovo no ninho da vítima, após o que parte voando, sem olhar para trás. Incrivelmente, esta sequência de acções é realizada em apenas dez segundos. Aliás, a rapidez de acção é muito importante para assegurar o sucesso da operação, pois quanto mais demorada for a visita, maior é o risco de que o hospedeiro testemunhe o acto, o que poderá conduzir à rejeição do ovo de cuco.

Para ajudar a disfarçar a maldade, o cuco tem o cuidado de remover um dos ovos do hospedeiro, por forma a que o número total de ovos se mantenha inalterado. Por vezes, o ovo do hospedeiro é engolido pela fêmea, que assim ainda consegue alimentar-se "à pala".

E quando o cuco nasce...

Os ovos do cuco assemelham-se grandemente aos do seu hospedeiro, sendo por isso difícil, para o dono do ninho, distinguir um ovo de cuco dos seus "verdadeiros" ovos. Assim, os ovos dum cuco que parasite rouxinóis-pequenos-dos-caniços são esverdeados com pintas, tal como os do seu hospedeiro, enquanto os cucos que parasitam rabirruivos-de-testa-branca põem ovos azuis-claros, sem manchas, tal como os desta espécie. Este aspecto é importante, pois sabe-se que certas aves, como o rouxinol-pequeno-dos-caniços, rejeitam imediatamente quaisquer ovos que não se assemelhem aos seus próprios ovos. Assim, se o ovo não for rejeitado pelos hospedeiros (o que, por vezes, acontece), a incubação decorrerá normalmente.

Mas a história não acaba aqui, pois o ovo do cuco requer menos tempo de incubação que os restantes e assim, apesar de ter sido o último a pôr, é geralmente o primeiro a eclodir. E aqui voltam a passar-se "coisas estranhas": com apenas algumas horas de vida, o jovem cuco, ainda cego e sem penas, trata de fazer rebolar os outros ovos, que ainda não eclodiram, atirando-os para fora do ninho. Se, porventura, algum desses ovos já tiver dado origem a crias do hospedeiro, estas levam o mesmo tratamento e são atiradas "pela borda fora". Deste modo, o cuco consegue tornar-se o único ocupante do ninho, recebendo a totalidade dos alimentos recolhidos pelos pais adoptivos. Estes alimentarão o cuco no ninho durante duas a três semanas e, posteriormente, durante mais duas semanas e assim o jovem cuco rapidamente se torna maior do que os seus anfitriões.

Uma vez deixado à sua sorte, o cuco parte para África, sem nunca ter conhecido os verdadeiros pais.

Ficha técnica

- **Nome vulgar**: Cuco-canoro
- **Nome científico**: *Cuculus canorus*
- **Dimensão**: 33 cm
- **Descrição**: tom base cinzento, sendo uniforme por cima e barrado por baixo; patas amarelas e curtas; cauda comprida; macho e fêmea são semelhantes, contudo certas fêmeas pertencem à chamada "fase" castanha (rara), cujo tom de base é o castanho em vez do cinzento
- **Voz**: o característico "cu-cu" emitido pelo macho constitui um dos mais conhecidos sons da Natureza; a chamamento da fêmea faz lembrar um borbulhar
- **Habitat**: sobretudo zonas florestais, como azinhais, sobreirais e carvalhais; também aprecia paisagens mistas; evita zonas muito descobertas ou densamente urbanizadas
- **Distribuição**: ocorre de norte a sul do país
- **Estatuto migratório**: migrador estival, que nidifica no nosso país e inverna em África. Chega em meados de Março e parte em Julho-Agosto

---

Publicado no jornal ABC Ambiente nº 33, de Março e Abril de 2002.

Em busca dos pica-paus

Muitas pessoas ficam surpreendidas quando ouvem dizer que há pica-paus em Portugal. Mas a verdade é que não só existem, como são comuns e podem ser vistos de norte a sul do território continental, ocorrendo mesmo em zonas urbanizadas, bastando-lhes que aí haja manchas verdes de alguma dimensão. Neste artigo damos a conhecer um pouco mais sobre os pica-paus que ocorrem no nosso país.

Os pica-paus pertencem à ordem dos piciformes. Esta ordem reúne algumas centenas de espécies em todo o mundo, que se distribuem por todos os continentes excepto a Antárctida. Na Europa existem nove espécies de pica-paus, das quais seis são relativamente comuns e três outras são bastante mais escassas. Em Portugal ocorrem apenas três espécies, havendo ainda uma quarta espécie de piciforme que não é um verdadeiro pica-pau e da qual falaremos um pouco mais abaixo.

A observação de pica-paus nem sempre é fácil, pois estas aves poisam muitas vezes por trás dos troncos (isto é, do lado oposto àquele onde o observador se encontra, furtando-se a olhares indiscretos. De qualquer forma, com prática e paciência acaba por ser possível encontrar todas as espécies e observá-las em boas condições. O conhecimento das vocalizações emitidas pelas várias espécies pode ser muito útil para detectar a sua presença.

Na "ficha técnica" encontra-se informação detalhada sobre as três espécies portuguesas.

Espécies florestais

Os pica-paus são, por natureza, aves ligadas ao meio florestal. São especializados em perfurar os troncos à procura de insectos e passam muito tempo agarrados ao tronco das árvores. Por isso, apresentam várias características que lhes permitem adaptarem-se especialmente ao modo de vida que levam. Por exemplo, têm dois dedos para a frente e para trás o que lhes permite fixarem-se aos troncos (quase todas as outras espécies de aves têm três dedos para a frente e apenas um para trás); têm uma cauda bastante forte, a qual lhes confere um ponto de apoio adicional quando estão agarrados aos troncos; e possuem uma língua muito comprida, que lhes permite retirar os alimentos (insectos) dos buracos das árvores.

Em Portugal o coberto florestal já se encontra profundamente alterado em relação ao que originalmente cobria o nosso território e por isso o conceito de "floresta" deve ser encarado no contexto actual. Curiosamente, dois dos nossos três pica-paus parecem ter-se adaptado bastante bem às transformações da nossa floresta e são razoavelmente comuns em bosques artificiais e plantações. Por exemplo, o pica-pau-verde é bastante frequente em pinhal e pode mesmo ocorrer em eucaliptal, sendo contudo mais escasso neste meio. Também o pica-pau-malhado-grande é frequente em pinhal, embora ocorra em todo o tipo de bosques, desde carvalhais e sobreirais a matas ribeirinhas e também parques e jardins em grandes cidades. Já o pica-pau-galego é mais selectivo, parecendo rejeitar quaisquer plantações monoculturais e prefira os bosques naturais de quercíneas e as matas ribeirinhas, tendo por isso uma distribuição mais limitada no país.

O misterioso Torcicolo

Para além das três espécies já referidas, há ainda uma outra ave que, embora pertencendo à ordem dos piciformes, não é um verdadeiro pica-pau: trata-se do Torcicolo e é uma ave muito peculiar. Tão peculiar, que até apresenta a peculiaridade de o seu nome genérico não ter qualquer vogal: "*Jynx*". Possui em comum com os pica-paus a orientação dos dedos das patas – dois para a frente e dois para trás – e um canto semelhante ao daqueles. Contudo, há algumas diferenças importantes: não martela, não escava buracos nas árvores e, em vez de ser residente, é um migrador estival, que chega em Março e parte em Setembro (embora inverne em pequenos números, no sul do território). Esta ave deve o seu curioso nome à estratégia que adopta quando se sente ameaçado, com vista a assustar os potenciais predadores: executa repetidamente movimentos do pescoço, por vezes quase dando uma volta completa. O torcicolo alimenta-se sobretudo de formigas. A sua plumagem críptica e os seus hábitos muito discretos tornam a sua detecção muito difícil, excepto na Primavera, em que faz ouvir o seu canto anasalado "kei-kei-kei-kei-kei", parecido com o do pica-pau-galego. Distribui-se de norte a sul do território continental, sendo relativamente frequente em certas zonas de Trás-os-Montes, na Beira Alta e em parte do Alentejo.

Ficha técnica

- Pica-pau-verde - *Picus viridis*
- Dimensão: 30-36cm, sendo do tamanho de um pombo doméstico.
- Habitat e distribuição: por todo o território nacional, sendo mais abundante no norte e relativamente escasso no interior alentejano; mais comum em pinhais que noutro tipo de bosques.
- Vocalizações: emite um "kiu-kiu-kiu-kiu-kiu-kiu" aflautado descendente, que mais faz lembrar uma gargalhada.
- Hábitos: frequenta geralmente pinhais e outros bosques, mas também ocorre em zonas com árvores esparsas e clareiras; é muito arisco e raramente permite aproximações, por esse motivo é mais frequentemente ouvido que visto.

- Pica-pau-malhado-grande – *Dendrocopos major*
- Dimensão: 23-26cm; mais pequeno que o pica-pau-verde, tem um tamanho comparável ao de um melro.
- Distribuição: por todo o território nacional, em qualquer tipo de bosques.
- Vocalizações: a vocalização mais frequente é um "kjik" duro e sonoro; também é habitual ouvir o seu martelar, que é rápido e acelerado.
- Hábitos: pousa geralmente em árvores, mas por vezes também pode ser visto em postes telefónicos; é bastante arisco e foge a alguma distância, ainda assim é mais tolerante que o anterior.

- Pica-pau-galego - *Dendrocopos minor*
- Dimensão: 14-16 cm; muito pequeno, de dimensão semelhante à de um pardal.
- Distribuição: mais frequente a sul do Tejo, mas ocorrendo também no interior norte e centro; frequenta sobreirais, carvalhais e matas ribeirinhas.
- Vocalizações: o som mais característico é um "kikikikikiki" agudo e rápido, que pode ser confundido com um torcicolo ou até com um falcão; o seu martelar, mais uniforme que o da espécie anterior, é ouvido esporadicamente.
- Hábitos: contrariamente aos anteriores, tolera aproximações a 20 metros ou menos; contudo, é muito discreto e por isso pode estar-se muito próximo dum destes pica-paus sem dar por isso; os sons emitidos por esta espécie são muitas vezes o primeiro sinal da sua presença.

Publicado no jornal Quercus Ambiente nº 5, de Fevereiro e Março de 2004.

A poupa malcheirosa

O canto característico da Poupa "pu-pu-pu", que pode ser ouvido sobretudo nas manhãs de Primavera, constitui um som bastante familiar para muitas pessoas que vivem no campo. No presente artigo damos a conhecer um pouco mais sobre esta ave.

A poupa (*Upupa epops*) é uma das espécies mais atractivas da nossa fauna, sendo bem conhecida dos habitantes rurais, quer pelo seu canto característico, quer pelo facto de o seu ninho se caracterizar pelo cheiro desagradável. As marcas que mais a distinguem são a poupa de grande dimensão que ostenta na cabeça e as suas asas barradas de preto e branco. Taxonomicamente, esta espécie pertence à ordem dos Coraciiformes, contudo as suas características morfológicas são tão distintivas, que lhe valeram a classificação numa família própria (Upupidae), à qual não pertence nenhuma outra ave. Esta espécie possui diferentes designações regionais, entre os quais Boubela, Catatua, Poupão, Poupa-pão e Poupinha.

Residente ou migradora?

Esta espécie distribui-se pela totalidade do território nacional e ocorre também no arquipélago da Madeira, particularmente na ilha de Porto Santo. Embora seja geralmente considerada uma espécie estival, é um facto conhecido desde há longa data que, nas regiões a sul do Tejo, a poupa pode ser vista durante todo o ano. É especialmente no Algarve e no Baixo Alentejo que os indivíduos invernantes podem ser encontrados com maior frequência. Já no norte do país e no litoral centro a espécie é estritamente estival; no interior centro também é principalmente um visitante de Verão, embora aí ocorram, ocasionalmente, aves isoladas durante o Inverno.

Não se sabe se os indivíduos observados no sul do país, durante o Inverno, são aves residentes, que aí nidificam e permanecem todo o ano ou, pelo contrário, se trata de invernantes oriundos de outras regiões mais a norte, que escolhem essa região para passar a estação fria.

A anilhagem de aves constitui uma ferramenta muito útil para esclarecer esta e outras questões relacionadas com a fenologia das aves, pois através da marcação individual das aves e da subsequente recaptura torna-se possível determinar os movimentos que efectuam; porém, no caso das poupas, a informação existente é ainda insuficiente para compreender totalmente o seu padrão migratório, dado que a espécie não é geralmente capturada em números muito elevados. Assim, serão necessários mais estudos para se poder obter uma resposta.

Uma ave malcheirosa

Apesar da sua incontestável beleza, a poupa pode estar associada a odores pouco agradáveis. Por um lado, o seu ninho caracteriza-se pelo seu cheiro fétido. Aliás, existe uma crença generalizada de que isto acontece porque a fêmea não cuida convenientemente da higiene do ninho. Contudo, a realidade é um pouco diferente: na verdade, a fêmea procura remover as fezes das crias, contudo estas tendem a defecar na parte posterior da cavidade onde o ninho está instalado, dificultando a tarefa de remoção e assim, à medida que as crias crescem, a "matéria expelida" vai-se acumulando, o que provoca o mau cheiro.

Por outro lado, a poupa desenvolveu uma estratégia anti-predador bastante eficaz. Assim, tanto a fêmea como as crias possuem uma glândula uropigial capaz de segregar um líquido de cheiro pestilento, produzindo um fedor semelhante ao de carne estragada. Sempre que um intruso se aproxima do ninho, as crias, ainda com poucos dias de idade, são capazes de expelir esse líquido com uma pontaria notável para cima do intruso. Devido a esta sua capacidade, a espécie ganhou fama de malcheirosa entre as comunidades rurais. Não surpreende, por isso, que nalgumas zonas da Europa a expressão "cheirar mal como uma poupa" seja considerada insultuosa. Na Galiza, a espécie é conhecida por "Galo merdento" ou "Galo porco", nome obviamente indicativo do mau cheiro exalado por esta espécie. Assim, se encontrar um ninho de poupa o melhor será guardar alguma distância!

Comum... mas em regressão

A poupa pode ser considerada uma espécie razoavelmente comum ao longo da sua área de distribuição, não sendo por isso considerada ameaçada. Na Europa, é claramente mais numerosa nas áreas de influencia mediterrânica do que em regiões mais setentrionais. É na Península Ibérica que se registam as maiores densidades desta espécie, pelo que esta região assume grande importância para a conservação da poupa.

Apesar desta relativa abundância, a poupa tem vindo a regredir ao longo da sua área de distribuição europeia, particularmente na Europa central e setentrional. Assim, desde o final do século XIX desapareceu como nidificante da Suécia, da Holanda, da Bélgica, da Dinamarca e de grande parte da Alemanha. Na origem desta diminuição deverão estar as alterações das práticas agrícolas, nomeadamente através do uso de insecticidas, que terão provocado uma diminuição dos recursos alimentares disponíveis para as poupas. Por outro lado, a remoção das árvores e sebes pode ter causado a perda de locais de nidificação, o que também origina um declínio populacional.

Em Portugal a informação existente é muito escassa, pelo que pouco ou nada se sabe sobre a tendência populacional desta ave. Em certas zonas, como a Peneda-Gerês, já foi detectada uma diminuição de abundância, mas não existem dados para o país como um todo. Deste modo, seria interessante obter dados quantitativos para todo o território nacional, a fim de poder determinar a tendência demográfica e, se necessário, aplicar medidas com vista à conservação da espécie.

Ficha técnica

- **Nome vulgar**: Poupa
- **Nome científico**: *Upupa epops*
- **Dimensão**: 22 a 29 cm de comprimento; 44 a 48 cm de envergadura.
- **Descrição**: é uma das aves mais fáceis de identificar: castanha, com as asa pretas e brancas; poupa grande muito visível quando erecta. Bico longo e um pouco recurvado. O voo é um pouco hesitante e irregular.
- **Voz:** o canto do macho é um característico "pu-pu-pu" que é composto por 3 a 5 notas seguidas e pode ser repetido durante vários minutos. Também emite um grito rouco.
- **Habitat**: privilegia terrenos abertos com zonas de solo exposto ou erva curta, onde possa procurar alimento; na época dos ninhos está dependente da presença de cavidades onde possa nidificar – estas cavidades podem situar-se em árvores mas também nos edifícios.
- **Distribuição**: distribui-se pela quase totalidade do Velho Mundo: Europa, Ásia até ao Japão, África desde Marrocos à África do Sul e ainda Madagáscar. Em Portugal nidifica no território continental e no arquipélago da Madeira.
- **Estatuto migratório**: predominantemente estival no norte e centro do território nacional e parcialmente residente no sul.

Publicado no jornal Quercus Ambiente nº 3, de Novembro e Dezembro de 2003.

Melro-d'água: o dançarino mergulhador

Nas ribeiras torrentosas do norte e centro do país existe um passarinho gracioso e pouco conhecido por muitos ornitólogos – trata-se do melro-d'água. Este passeriforme, o único em toda a Europa que consegue mergulhar e nadar, é uma ave singular.

O melro-d'água é, sem dúvida, uma das espécies mais curiosas da avifauna portuguesa. Distribui-se sobretudo pelas terras altas do norte e do centro e, embora não possa ser considerado raro, é geralmente pouco abundante e com uma distribuição bastante fragmentada.

O habitat do melro-d'água é muito característico: consiste, principalmente, em cursos de água de caudal razoavelmente rápido e águas límpidas, com rápidos ou pequenas cascatas.

A Serra da Estrela, devido à disponibilidade de habitat favorável, é uma das zonas onde o melro-d'água é mais abundante e, consequentemente, mais fácil de encontrar. Nesta serra, pode ser visto, por exemplo, ao longo do vale glaciar do rio Zêzere e no Covão da Ametade; ocorre igualmente ao longo do rio Alva, perto do Sabugueiro e ainda nalgumas represas acima dos 1600m de altitude. Nesta serra, também é frequente em levadas de água criadas para produção de energia eléctrica. Outras serras do norte onde a espécie se encontra razoavelmente bem distribuída são: o Gerês, a Peneda, a Nogueira e Montesinho.

O facto de o melro-d'água ser comum nestas serras poderá levar o leitor a pensar que esta é uma espécie exclusiva de zonas montanhosas. Contudo, embora seja realmente mais comum em montanha, o melro-d'água pode também ocorrer em zonas de baixa altitude – é o caso do vale do Mondego nas zonas de Celorico da Beira ou Oliveira do Hospital, onde pode ser visto em locais com altitude de 300m. Localmente pode ser observado junto a zonas urbanas, por exemplo no rio Corgo, em Vila Real.

O limite sul da sua área de distribuição principal deverá situar-se, aproximadamente, ao longo de uma linha que une as serras da Lousã e da Malcata. Muito localmente, a espécie já tem sido observada mais para sul, como por exemplo na Serra de S. Mamede (Alto Alentejo), onde recentemente foi confirmada a sua nidificação, perto de Marvão. Não obstante, não há dúvida que, no sul do país, o melro-d'água é uma espécie rara.

Os seus movimentos migratórios são mal conhecidos. Apesar de a maioria das aves ser provavelmente sedentária, na Serra da Estrela ocorre por vezes em represas de altitude durante o Verão, mas ausenta-se quando estas gelam, sendo possível que algumas aves efectuem movimentos altitudinais, tal como se verifica noutros países da Europa.

Um comportamento invulgar

O melro-d'água gosta de pousar nas pedras junto aos cursos de água, enquanto procura a sua presa. Muitas vezes pode ser visto a "dançar" sobre as pedras, antes de mergulhar. Quando finalmente mergulha, nada velozmente, por vezes dando um autêntico "show" para quem o esteja a observar. Consegue mesmo caminhar sobre o fundo dos ribeiros. É uma espécie que está bem preparada para o Inverno e, nas zonas mais frias, pode usar o gelo como poiso antes de mergulhar nas águas gélidas. Durante os meses de Verão, quando os cursos de água que frequenta podem secar, é ocasionalmente observado a pescar nos pegos.

Alimenta-se predominantemente de macro-invertebrados existentes no leito dos rios, mas pode também consumir pequenos peixes.

Durante a época de cria o melro-d'água é uma ave fortemente territorial. Cada casal defende um território que se estende de forma mais ou menos linear ao longo de um curso de água. No continente europeu, as densidades de aves nos cursos de água com características mais favoráveis variam entre 1 e 20 casais / 10km, em função da disponibilidade de recursos alimentares e da existência de locais de nidificação.

A época de reprodução do melro-d'água tem início bastante cedo, podendo observar-se o comportamento de estabelecimento de território em finais de Fevereiro e havendo ninhos ocupados em meados de Março.

O seu ninho, feito de ervas e musgos, é construído numa cavidade, geralmente por trás de cascatas, em taludes e em gretas de rochas, mas também em construções, como levadas, túneis de saída de água, a estrutura de uma represa ou mesmo uma ponte.

Um ecossistema sensível

Devido à especificidade do seu habitat e à elevada sensibilidade do meio aquático, o melro-d'água é muito sensível à transformação das condições ambientais. Em vários países europeus, tem sido constatado o seu declínio em diversas zonas, devido à acidificação dos cursos de água, exacerbada por uma florestação excessiva dos terrenos circundantes com resinosas – estes factores provocam uma diminuição do número de invertebrados disponíveis para esta espécie e uma redução do cálcio nas fêmeas antes da postura. Noutros países, a poluição industrial também tem sido apontada como factor de ameaça. Adicionalmente, os planos de irrigação e os empreendimentos hidroeléctricos, ao provocarem uma redução dos caudais nos cursos de água mais favoráveis, também poderão ser responsáveis pelas regressões verificadas nos países do sul da Europa. No caso de Espanha, a contaminação e a alteração das zonas ocupadas por esta espécie também é apontada como sendo a principal causa de regressão do melro-d'água e do seu desaparecimento de muitos cursos de água.

Em Portugal não se conhecem estudos abrangentes sobre a situação desta espécie. Contudo, sabe-se que, na primeira metade do séc. XX, o melro-d'água ocorria nas imediações do Porto, nomeadamente nos rios Ferreira, Sousa e Ave, onde actualmente parece não ocorrer, possivelmente devido à crescente poluição que afecta estas zonas. Também no Parque Nacional da Peneda-Gerês tem vindo a regredir, devido à construção de barragens, à poluição de cursos de água e à destruição do coberto vegetal das margens.

Ficha técnica

- **Nome vulgar**: Melro-d'água
- **Outros nomes vernáculos**: Bicho-truteiro, Fundão, Lava-cu, Melro-cachoeiro, Melro-do-rio, Pássaro-cou-cou, Tordo-marinho
- **Nome científico**: *Cinclus cinclus*
- **Dimensão**: 17-20 cm
- **Descrição**: relativamente pequeno e com cauda curta; é todo castanho, excepto o peito que é branco; voa rente à superfície da água, como uma seta
- **Espécies semelhantes**: a espécie é inconfundível
- **Habitat**: cursos de água límpida e pouco profunda, com pedras que possam ser usadas como poisos
- **Distribuição**: ocorre por toda a Europa; em Portugal distribui-se principalmente pela metade norte do território, sendo mais abundante nas zonas montanhosas, como por exemplo a Serra da Estrela
- **Estatuto migratório**: residente, pode ser visto em Portugal durante todo o ano.

Publicado no jornal Quercus Ambiente nº 14, de Maio e Junho de 2005.

Observação de aves nocturnas

Um dos maiores desafios que se colocam aos observadores de aves, mesmo aos mais experimentados, é a observação das aves que só se movimentam à noite. Muitos são os que já tiveram oportunidade de observar um mocho ou uma coruja, mas em muitos casos a observação foi fugaz, sem que tenha sido possível sequer identificar a espécie.

Em Portugal ocorrem nove espécies de aves verdadeiramente nocturnas. Neste grupo incluem-se sete espécies de mochos e corujas (ordem Strigiformes) e duas espécies de noitibós (ordem Caprimulgiformes). Mercê dos seus hábitos de caça nocturna, são espécies difíceis de observar e que escapam aos olhos de muitos ornitólogos.

Para poder tomar contacto com estas aves, é necessário aprender primeiro quais as espécies que ocorrem no país e qual a probabilidade de encontrar cada uma delas. Assim, para quem pretenda iniciar-se na observação de aves nocturnas, o melhor será começar por procurar as espécies mais comuns e mais fáceis de observar, partindo depois para as mais difíceis. De facto, tal como acontece com as aves diurnas, um bom conhecimento das espécies mais comuns é importante para saber como distinguir as mais raras.

As três espécies comuns

Comecemos então por referir as espécies de aves nocturnas mais comuns.

A primeira espécie a referir é o mocho-galego. É a rapina nocturna mais conhecida, não só por ser bastante comum, mas também porque os seus hábitos parcialmente diurnos permitem amiúde ver esta ave à luz do dia ou ao lusco-fusco, especialmente de manhã ou ao fim da tarde. Não é raro encontrar um mocho pousado num poste ou num fio eléctrico à beira da estrada. Este mocho é mais abundante no sul do país e em termos de habitat prefere os olivais e os terrenos agrícolas com ruínas ou montes abandonados, onde nidifica.

Outra espécie relativamente frequente é a coruja-do-mato. É uma ave florestal, que ocorre sobretudo em montados de sobro e pinhais. Tal como a espécie anterior, nidifica em cavidades, pelo que a presença de árvores velhas pode favorecer a sua ocorrência. Evita as zonas densamente urbanizadas, embora localmente possa ocorrer em parques urbanos. Mercê dos seus hábitos estritamente nocturnos, é mais frequentemente ouvida que vista.

A terceira espécie comum é a coruja-das-torres. Contrariamente à coruja-do-mato, vive em estreita associação com o homem e é frequente encontrá-la em vilas e até em cidades, nidificando em torres de igrejas, velhos edifícios ou em árvores com buracos. Também é frequente em zonas agrícolas, onde usa os palheiros e os edifícios abandonados como local de repouso durante o dia. Contudo, apesar de esta ser uma espécie relativamente vulgar, é muito raro vê-la de dia e a visão mais frequente é a de um vulto branco, visto a passar rapidamente no silêncio da noite. Ocorre um pouco por todo o país, mas é mais abundante no sul. É a única rapina nocturna que nidifica na Madeira.

Outras rapinas nocturnas

Uma vez conhecidas as três espécies de referência, podemos partir em busca das mais difíceis.

A mais emblemática é, sem dúvida, o bufo-real, a maior das rapinas nocturnas europeias. É uma espécie pouco frequente e de difícil detecção, não só pelos seus hábitos nocturnos mas também pelo facto de ocorrer sobretudo em vales escarpados, frequentando locais pouco acessíveis. A sua época de reprodução tem início bastante cedo e por isso a melhor época para o ouvir cantar é em Novembro, Dezembro ou Janeiro. O seu canto é audível a vários quilómetros. A espécie é mais comum nos vales superiores dos rios Tejo, Douro e Guadiana e dos seus afluentes, junto à fronteira espanhola.

O outro bufo, o bufo-pequeno, distribui-se um pouco por todo o território nacional. Não sendo propriamente uma espécie rara, é, provavelmente, a mais difícil de encontrar, pois é uma ave silenciosa, cujas vocalizações poucas vezes se fazem ouvir. A melhor época para detectar esta espécie é em Abril ou Maio, quando os juvenis piam insistentemente, durante toda a noite, solicitando alimento aos pais. O bufo-pequeno ocorre em zonas esparsamente arborizadas ou na orla de bosques. Nidifica nos Açores, onde é a única espécie rapina nocturna residente.

O mocho-pequeno-d'orelhas, a mais pequenas das rapinas nocturnas portuguesas, é uma espécie característica do nordeste (Trás-os-Montes e Beira Interior), ocorrendo amiúde em aldeias e até no centro histórico de algumas vilas ou cidades, como é o caso de Miranda do Douro. Contrariamente às anteriores, é uma espécie migradora, que chega em Março e parte em Setembro, passando o Inverno em África. O seu canto, um som aflautado que se repete de 3 em 3 segundos, faz-se ouvir durante horas a fio, por vezes durante toda a noite.

A última espécie de rapina nocturna é um visitante de Inverno. Trata-se da coruja-do-nabal, uma ave oriunda no norte da Europa. É uma ave de zonas abertas e que apresenta clara preferência por zonas húmidas, sendo observada com regularidade nos estuários do Tejo e do Sado e nalgumas zonas húmidas do litoral algarvio. Os seus hábitos parcialmente diurnos permitem, por vezes, encontrar esta ave em pleno dia, não raras vezes formando pequenos bandos.

Noitibós

Em Portugal ocorrem duas espécies: o noitibó da Europa, que se distribui principalmente a norte do rio Tejo, e o noitibó-de-nuca-vermelha, que é mais característico da metade sul do país. Ambas as espécies são estivais e chegam tarde ao nosso território, sendo raro ouvi-las antes do final de Abril. Ambas cantam ao crepúsculo, especialmente em Maio e Junho. Ambas fazem o ninho no chão.

Os noitibós alimentam-se de insectos nocturnos, que caçam sobretudo ao crepúsculo. Quando o tempo está quente, é frequente encontrá-los pousados sobre o asfalto, pelo que são vítimas frequentes de atropelamentos.

A melhor forma de distinguir as duas espécies é pelo canto: o do noitibó da Europa parece um insecto ou uma motosserra distante, enquanto o do noitibó-de-nuca-vermelha é uma dupla nota, repetida incessantemente "ka-wak, ka-wak, ka-wak", o que lhe valeu os nomes regionais de "cá-vai" no Alentejo e "cavaco" no Algarve.

GUIA DE CONSULTA RÁPIDA

Nome vulgar	Nome científico	Abundância	Estatuto migratório	Zonas onde é mais comum
Coruja-das-torres	Tyto alba	Comum	Residente	Por todo o país, junto a aldeias ou vilas
Mocho-pequeno-d'orelhas	Otus scops	Pouco comum	Estival	No nordeste, junto a aldeias
Bufo-real	Bubo bubo	Raro	Residente	Junto à fronteira, em vales escarpados
Mocho-galego	Athene noctua	Comum	Residente	Por todo o país, em olivais ou junto a ruínas
Coruja-do-mato	Strix aluco	Comum	Residente	Por todo o país, em bosques de sobreiro ou pinhais
Bufo-pequeno	Asio otus	Raro	Residente	Por todo o país, onde as zonas florestadas alternam com clareiras
Coruja-do-nabal	Asio flammeus	Raro	Invernante	Zonas húmidas, principalmente no litoral
Noitibó da Europa	Caprimulgus europaeus	Pouco comum	Estival	Na metade norte do país, em zonas com matos ou com árvores esparsas, por vezes terrenos ardidos
Noitibó-de-nuca-vermelha	Caprimulgus ruficollis	Pouco comum	Estival	Na metade sul do país, junto a pequenos eucaliptais jovens ou em zonas abertas

Publicado no jornal Quercus Ambiente nº 16, de Outubro de 2005.

Os misteriosos cortiçóis

Provavelmente o leitor nunca ouviu falar de cortiçóis. De facto, de todos os grupos de aves que ocorrem em Portugal, o dos cortiçóis é certamente um dos menos conhecidos. Estas aves, outrora comuns, são hoje cada vez mais raras e distribuem-se unicamente por algumas regiões do interior, pelo que a sua observação pode constituir um verdadeiro desafio.

No distante ano de 1989 eu já tinha observado a maior parte das aves que ocorrem no nosso território, mas o Cortiçol-de-barriga-negra continuava a escapar-me. Um dia, alguém me disse que a estrada que liga Castro Verde a Mértola seria um dos melhores locais para encontrar a espécie e assim, num fim-de-semana de Novembro, desafiei um amigo e juntos tomámos o comboio em direcção ao Baixo Alentejo, levando connosco as bicicletas, a fim de percorrermos a referida estrada e tentarmos encontrar a mítica ave. Em Castro Verde tivemos necessidade de nos dirigirmos à oficina local, para que fosse reparado um furo numa das bicicletas e desde logo aproveitei para perguntar ao dono da oficina se conhecia o cortiçol. Ao ouvir este nome, o homem sacudiu a cabeça, mas quando lhe mostrei a ilustração do meu guia de campo, a reacção não se fez esperar: "Ah, sei muito bem o que isso é! Isso é a barriga-negra! Isso dantes via-se muito! Mas vocês já não vão ver isso, que eles agora são muito raros. A não ser que tenham a sorte de vos passar um bando por cima da cabeça!".

Apesar das perspectivas pouco animadoras, fizemo-nos à estrada. Lá para as bandas de Alcaria Ruiva, parámos para observar um corvo, eis senão quando avistámos duas aves castanhas, de silhueta pouco familiar, vindas de nordeste em voo rasante, que se dirigiam para nós a grande velocidade. Tal como aventara o homem da oficina, as aves passaram mesmo "por cima da nossa cabeça", exibindo o seu ventre escuro. Tão depressa como surgiram, assim desapareceram – Eram dois cortiçóis-de-barriga-negra!!!

Aves das regiões áridas

A ordem dos *Pteroclidiformes* (cortiçóis) compreende 16 espécies que se distribuem pela Ásia Central e Ocidental, pela maior parte de África e ainda pelo extremo sudoeste da Europa. Os cortiçóis são aves estepárias, que frequentam geralmente regiões desérticas ou semidesérticas. A sua plumagem críptica permite-lhes passar despercebidos nas regiões abertas que frequentam, tornando-os menos vulneráveis aos ataques de predadores.

Dadas as grandes perdas por evaporação a que estão sujeitos nos *habitats* quentes onde ocorrem, e uma vez que a sua dieta consiste fundamentalmente em sementes, sendo por isso pouco rica em água, os cortiçóis têm necessidade de beber diariamente. Para o conseguirem, são forçados a percorrerem grandes distâncias (algumas dezenas de quilómetros por dia) para chegarem aos bebedouros, situados geralmente em ribeiros ou açudes. Nestas ocasiões, os cortiçóis podem formar bandos de dimensão considerável, já que a maioria das aves escolhe a mesma hora para beber (de manhã cedo ou ao final da tarde).

Tal como a maioria das aves de regiões desérticas ou semidesérticas, os cortiçóis nidificam no solo. A incubação é feita de noite pelo macho e durante o dia pela fêmea, o que ajuda a explicar a plumagem mais críptica desta por comparação com a do macho.

Uma das características mais curiosas e também mais conhecidas destas aves reside na capacidade dos adultos de levarem água aos pintos nas penas molhadas. Com efeito, durante a época de cria, os machos aproveitam as suas deslocações diárias aos bebedouros para embeberem as penas do ventre. Graças à sua estrutura especial, estas penas têm capacidade para armazenar a água durante algum tempo, permitindo assim que as aves a transportem de regresso ao ninho, a fim de as suas crias poderem igualmente receber um pouco do precioso líquido.

Situação actual em Portugal

Na Península Ibérica ocorrem duas espécies de cortiçol: o Cortiçol-de-barriga-branca (*Pterocles alchata*) e o Cortiçol-de-barriga-negra (*Pterocles orientalis*). Ambas as espécies ocorrem na zona centro-oeste da Península, com predominância pela Estremadura, Castela e certas zonas da Andaluzia, sendo que a o Cortiçol-de-barriga-branca ocorre também muito localmente no sul de França (Camargue).

Em Portugal, a escassez de informações sobre estas aves torna difícil a caracterização da sua situação. Os dados disponíveis actualmente levam a supor que durante a primeira metade do século XX ambas as espécies seriam comuns no nosso país, especialmente no Alentejo. No entanto, actualmente o panorama é bem diferente. Mercê da transformação da paisagem, da intensificação da agricultura e da pressão venatória, ambas as espécies de cortiçol têm vindo a conhecer uma regressão acentuada. Em particular, a transformação de vastas áreas em culturas de regadio e a utilização intensiva de produtos químicos para fins agrícolas tem vindo a provocar a redução da área de distribuição dos cortiçóis na maior parte da Península Ibérica. O Cortiçol-de-barriga-branca, o mais raro dos dois, já se encontra praticamente extinto como nidificante em Portugal, embora esporadicamente ainda seja observado em certas áreas do leste alentejano e da Beira Baixa, quase sempre junto à fronteira espanhola. O Cortiçol-de-barriga-negra, apesar de pouco numeroso, é um pouco mais frequente e pode ser visto com regularidade nas áreas de Castro Verde – Mértola, Moura, Mourão, Idanha-a-Nova e, mais esporadicamente, noutros locais. No nosso país, os *habitats* preferenciais desta espécie são as estepes cerealíferas de sequeiro cultivadas em regime extensivo, onde existam também alguns talhões incultos ou em pousio.

Face à diminuição gradual a que se tem assistido nas últimas décadas, o futuro dos cortiçóis em Portugal não se apresenta risonho. É certo que ainda existem alguns locais recônditos do interior sul onde o Cortiçol-de-barriga-negra pode ser considerado uma presença regular, mas não há dúvida que, cada vez mais, a observação destas aves peculiares está apenas ao alcance dos ornitólogos mais perseverantes, que estejam dispostos a efectuar longas prospecções em busca desta espécie. No entanto, há também alguns afortunados, a quem um bando de cortiçóis "passa por cima da cabeça"...

Publicado no jornal ABC Ambiente nº 18, de Março de 2000.

Rola-turca: a ave que veio do oriente

A presença de uma ave castanha com "ar de pombo" pousada sobre uma antena de televisão tornou-se uma visão frequente em muitas localidades do nosso território. Trata-se da rola-turca, ave que hoje ocorre em quase todo o país. Por vezes confundida com uma espécie doméstica (a "rola-mansa"), esta rola de tons castanhos-claros é, na verdade, uma espécie selvagem que surge fortemente associada à presença humana. Contudo, a ocorrência desta ave em território português é um fenómeno relativamente recente. De onde veio? Como se expandiu? Conheça a história de uma espécie que em apenas quatro décadas colonizou toda a Europa.

No último artigo falámos de uma espécie que conheceu, ao longo do século XX, um declínio gradual, que conduziu à sua extinção como nidificante em território português – a águia-pesqueira, cujo último casal deixou de nidificar em 1997. Felizmente, nem todos os casos têm esse desfecho dramático. Hoje apresentamos um caso diametralmente oposto, referente a uma espécie que há pouco mais de 30 anos era desconhecida em Portugal e que, em pouco tempo, colonizou todo o território continental. A rapidez com que a sua expansão se deu não encontra paralelo entre as aves europeias e constitui um caso interessante de analisar. Por se ter dado numa época em que a ornitologia já se encontrava desenvolvida na maioria dos países europeus, a sua expansão encontra-se bastante bem documentada.

História de uma expansão

A expansão da rola-turca no continente europeu deu-se a partir de 1930. Antes dessa data, a espécie encontrava-se restringida aos Balcãs, onde, tal como na Turquia e no Médio Oriente, poderá ter sido introduzida pelo homem no passado. Foi então que iniciou uma rápida e progressiva expansão para noroeste, tendo ocupado, um após outro, todos os países europeus. Nidificou pela primeira vez na Áustria foi em 1943, na

Dinamarca em 1950 e nas Ilhas Britânicas em 1955. Mais tarde, chegou mesmo a algumas ilhas do Atlântico e do Mediterrâneo, como as Ilhas Faroé, as Canárias e a Sardenha. A Península Ibérica foi a última região do continente a ser ocupada. A espécie colonizou a Espanha a partir da década de 1960 e chegou a Portugal em 1974, tendo sido observada primeiro na cidade do Porto e, alguns anos mais tarde, na zona do porto de Leixões. O aparecimento e a subsequente nidificação da rola-turca em Lisboa ter-se-á verificado a partir de meados da década de 1980, mas durante muitos anos a espécie apenas era comum junto aos silos de cereais existentes na zona portuária do Poço do Bispo / Xabregas, situada na parte oriental da cidade, tendo-se posteriormente expandido para outras zonas da capital.

Ao longo da década de 1990, a espécie foi-se espalhando por outras zonas do país e nos anos que se seguiram a rola-turca acabou por colonizar quase todo o litoral português, primeiro no norte e no centro e, por fim, no Algarve. Actualmente pode dizer-se que ocorre de forma quase contínua ao longo do litoral português, expecto talvez nos troços menos humanizados.

Curiosamente, apesar de hoje em dia a espécie ser comum na maior parte do território, a sua expansão não parece ter ainda terminado e prossegue agora em direcção ao interior do país. Foi observada em Bragança em 1993, na região de Portalegre em 1998 e na Beira Interior em 2000, sendo registada todos os anos em novos locais onde não era conhecida a sua presença anteriormente.

Ligada à presença humana

Embora tenha chegado a Portugal de forma natural, a rola-turca apresenta uma forte dependência da presença humana e ocorre sobretudo em áreas onde esta se faz sentir de forma mais ou menos intensa, sendo assim mais abundante em aglomerados populacionais de média e grande dimensão. Não se pense, contudo, que se trata de uma ave puramente urbana, já que a rola-turca parece estar dependente da presença de árvores. Assim, a preferência da espécie vai para aglomerados urbanos ricos em jardins ou outras zonas verdes, sobretudo com árvores altas – por exemplo, é muito comum ao longo da costa do Estoril e das zonas ribeirinhas de Lisboa, onde são frequentes os bairros de moradias com jardins, mas é menos abundante no centro da capital, onde a área edificada é proporcionalmente maior e, consequentemente, o habitat lhe é menos favorável. Aprecia também localidades mais pequenas junto ao mar, assim como aldeamentos turísticos bem arborizados, nomeadamente com pinheiro-manso, como sucede em diversos locais do Algarve ou pequenas estâncias balneares da zona centro, como S. Pedro de Moel.

A rola-turca pode ser vista muitas vezes pousada sobre os telhados das casas ou nas antenas receptoras de televisão. Localmente surge também na proximidade de silos de cereais, por exemplo junto a zonas portuárias, onde procura alimento. No interior do território ocorre ainda em aglomerados populacionais de média e grande dimensão, mas nestas zonas a sua distribuição apresenta-se mais fragmentada, reflectindo a ocupação humana do território. Nos anos mais recente começou a colonizar "montes" isolados no Alentejo e na Beira Baixa, o que contrasta bastante com o tipo de locais ocupados inicialmente. Contudo, parece estar sempre dependente da presença de árvores de médio ou grande porte.

A rola-turca nidifica principalmente em árvores, sendo frequente o uso de coníferas, como por exemplo ciprestes. O seu período de nidificação é bastante alargado e abrange não só a Primavera, como também todo o Verão. Contudo, a situação da espécie em Portugal encontra-se ainda relativamente mal estudada.

Ficha técnica

- **Nome vulgar**: Rola-turca
- **Outros nomes vernáculos**: Rola-de-colar
- **Nome científico**: *Streptopelia decaocto*
- **Dimensão**: 31-33 cm
- **Descrição**: tamanho semelhante ao de um pombo, mas um pouco mais esguia; castanha clara, com um colar preto na nuca e uma barra branca na cauda, que é bem visível em voo.
- **Espécies semelhantes**: a rola-brava (*S. turtur*), espécie estival que só ocorre em Portugal de Abril a Setembro, é mais escura e não tem colar no pescoço; a "rola-mansa" (*S. 'risoria'*) é muito parecida com a rola-turca, mas é um pouco mais pequena e não é uma espécie verdadeiramente selvagem, sendo frequentemente mantida em cativeiro.
- **Habitat**: ocorre geralmente nas imediações de zonas habitadas, mas prefere locais com árvores onde possa nidificar; aprecia zonas de moradias com araucárias, ciprestes ou pinheiros-mansos; alimenta-se sobretudo de grãos de cereal e sementes, ocorrendo por vezes nas imediações de silos.
- **Distribuição**: ocorre por toda a Europa
- **Estatuto migratório**: residente, pode ser vista em Portugal durante todo o ano.

Publicado no jornal Quercus Ambiente nº 12, de Janeiro e Fevereiro de 2005.

Caimão: a galinha-sultana

A história do caimão em Portugal conheceu duas fases bem distintas: a primeira, que durou até à década de 1980, pautou-se por uma acentuada regressão populacional, que levou até à sua quase extinção como nidificante. A segunda fase, que teve início nos anos 1990, traduziu-se numa gradual expansão da espécie, que colonizou áreas onde nunca havia sido registada ou onde os últimos registos datavam de há várias dezenas de anos. Mais recentemente, foi feita também a reintrodução de alguns indivíduos.

Em Portugal, o caimão pode ser considerado uma espécie pouco comum e localizada. Esta espécie, pertencente à família dos ralídeos, distribui-se, de forma bastante fragmentada, pelo centro e pelo sul do país e ocorre sobretudo em zonas húmidas de água doce ou salobra, não sujeitas ao regime das marés, como sejam lagoas costeiras e pauis. É uma ave tímida que, tal como os restantes membros da sua família, passa a maior parte do tempo escondida entre a vegetação, sendo por isso difícil de observar. No entanto, os seus chamamentos, que fazem lembrar um trompete, denunciam facilmente a sua presença.

Esta espécie alimenta-se principalmente de rizomas, caules, rebentos, flores, folhas e sementes, apresentando preferência por tabua e caniço. Muitas vezes, estas aves levam o alimento ao bico segurando-o com uma pata, um pouco à maneira dos papagaios, o que lhe terá valido o nome vernáculo "camão" (com-a-mão, c'a mão).

Outrora o caimão era uma ave relativamente comum em Portugal e apresentava uma distribuição ampla. Com efeito, era conhecida a sua ocorrência desde o vale do Mondego até ao Algarve, passando pela zona da Golegã e pelo estuário do Sado. A sua presença nalguns destes locais verificava-se, provavelmente, deste a antiguidade, sendo de assinalar a existência de mosaicos com representações desta espécie nas ruínas de Conímbriga.

Esta distribuição ampla manteve-se, pelo menos, até à década de 1940 no estuário do Sado e à década de 1970 nos pauis do Mondego. Depois, por razões desconhecidas mas provavelmente decorrentes de intervenções humanas, a espécie desapareceu da maioria dos locais e a sua distribuição passou a estar restringida ao Algarve.

O final dos anos 1980 correspondeu ao ponto crítico da espécie em Portugal, que foi então considerada "em perigo" no Livro Vermelho dos Vertebrados de Portugal (editado em 1990), com uma população estimada em 10 a 15 casais, concentrada num único local (a zona da ria Formosa). A sua extinção chegou a ser temida.

Recuperação e introdução

A partir do início da década de 1990 começou a assistir-se a alguma recuperação da espécie, que passou a ser observada com mais regularidade em diversos locais do Algarve. Os seus efectivos tornaram-se mais numerosos e a espécie passou a ser vista regularmente em certos locais onde tinha deixado de ocorrer. Refiram-se, entre outros locais, a zona do caniçal de Vilamoura, a Quinta do Lago e a Lagoa dos Salgados, onde a espécie pode hoje ser considerada comum. No último destes locais foi observado um máximo de 81 indivíduos em Dezembro de 2002.

Apesar deste incremento populacional e do estabelecimento de populações reprodutoras em diversos locais, sabe-se, graças à recaptura de aves anilhadas, que algumas das aves observadas no Algarve são oriundas do sul de Espanha (onde a espécie também se expandiu).

É de assinalar a predilecção que esta espécie apresenta, no Algarve, por campos de golfe com pequenos lagos, sendo a sua presença relativamente habitual em diversos campos de golfe da região, onde as aves são relativamente fáceis de observar e parecem apresentar uma tolerância relativamente elevada à presença de seres humanos.

No final dos anos 1990, a espécie começou igualmente a ser observada fora do Algarve. Registaram-se as primeiras observações na Lagoa de Santo André e no estuário do Sado, tendo a espécie surgido depois na Lagoa de Albufeira e no estuário do Tejo. Nos últimos anos houve também observações no interior alentejano, nomeadamente na zona de Elvas. Tal como aconteceu no Algarve, nalguns dos locais recentemente ocupados no resto do país, a espécie estabeleceu-se como nidificante.

Na sequência desta expansão natural, foi iniciado um projecto de reintrodução da espécie nos locais situados na metade norte da sua área de distribuição. Assim, a partir de 1999 foram largados alguns indivíduos nos pauis do Baixo Mondego, nomeadamente no paul de Madriz.

Curiosamente, um dos indivíduos largados neste local, que havia sido anilhado aquando da sua libertação, foi observado passado algum tempo no Paul do Boquilobo, situado cerca de 80 km mais a sul, onde a espécie acabou por se estabelecer e nidificar em 2002.

Apesar da existência de bastante informação histórica, não se sabe exactamente quais os factores que motivaram a diminuição da população de caimões em Portugal e a posterior recuperação. É provável que a caça tenha tido um impacto negativo no passado, mas outros factores, como a perturbação ou a destruição de habitat, poderão igualmente ter contribuído para essa regressão. No que diz respeito à recente recuperação, parece credível que a criação de uma rede de áreas protegidas, onde certas actividades, como a caça, se encontram sujeitas a uma regulamentação mais restritiva, tenha contribuído para criar condições ao restabelecimento da espécie em muitos dos locais onde já ocorrera.

Ficha técnica

- **Nome vulgar**: Caimão
- **Outros nomes vernáculos**: Camão, galinha-sultana
- **Nome científico**: *Porphyrio porphyrio*
- **Dimensão**: 45-50 cm
- **Descrição**: azul, com bico vermelho e longas patas vermelhas; a cauda, que muitas vezes é levantada, é branca por baixo.
- **Espécies semelhantes**: praticamente inconfundível; a galinha-d'água (*Gallinula chloropus*), espécie que frequenta os mesmos habitats, é consideravelmente mais pequena e não tem os tons azulados da plumagem nem as patas vermelhas.
- **Habitat**: ocorre principalmente em zonas húmidas com vegetação densa, apresentando preferência por grandes manchas de caniço e tabua; no Algarve também pode ser visto em campos de golfe.
- **Distribuição**: é mais numeroso no Algarve, onde já foram observadas concentrações importantes na Quinta do Lago e na Lagoa dos Salgados. Ocorre, em menor quantidade, noutras zonas húmidas do litoral centro e sul, como as lagoas de Santo André e de Albufeira e os estuários do Sado e do Tejo.
- **Estatuto migratório**: principalmente residente, mas certos indivíduos podem realizar movimentos de algumas dezenas de quilómetros, havendo registos de movimentos entre Portugal e Espanha.

Publicado no jornal Quercus Ambiente nº 19, de Junho de 2006.

O chasco-preto

Nos vales escarpados do Tejo e do Douro encontra-se uma das espécies mais raras, mais ameaçadas e menos conhecidas da avifauna portuguesa – o chasco-preto. Outrora com uma distribuição mais ampla, este chasco encontra-se hoje restrito a pequenas bolsas junto à fronteira. O futuro para esta espécie apresenta-se pouco risonho, pois tem sofrido uma regressão continuada, que parece não ter terminado.

Em 1989 perguntei a um amigo onde poderia encontrar o chasco-preto, pois era uma das espécies de aves que eu nunca tinha visto e tinha alguma curiosidade de a poder observar em Portugal. "Há um castelo perto de Barrancos", disse-me o meu amigo, "chamado castelo de Noudar. Parece que há lá chasco-preto".

Em Setembro decidi fazer-me ao caminho. Nessa época ainda não tinha carta de condução, mas isso não me demoveu. Despachei a bicicleta e fui de comboio até Reguengos de Monsaraz, por uma linha hoje encerrada. Depois foram mais 70 quilómetros a pedalar até Barrancos. Jantei na vila e dormi ao relento aí perto. Na manhã seguinte pedalei os 10 quilómetros que me separavam do isolado castelo de Noudar. Assim que lá cheguei, pude ver um chasco-preto pousado na muralha e respirei de alívio: a viagem não tinha sido em vão.

Nos anos seguintes, em visitas posteriores ao castelo de Noudar, pude voltar a observar um ou mais exemplares desta espécie. Até que um dia, já na segunda metade da década de 1990, não os encontrei. "Mataram-nos" disse-me o guarda. "Vieram aí uns senhores e mataram-nos." Seria verdade? O que é facto é que, excepção feita a uma ave isolada que por lá apareceu durante uns meses em 1999, nunca mais os chascos-pretos voltaram ao castelo de Noudar.

No final da década de 1980 este chasco ainda contava com mais alguns casais no Alentejo. Em Marvão, o outro núcleo alentejano desta espécie, aconteceu precisamente o mesmo: até à década de 1990 a espécie era avistada regularmente junto às muralhas do castelo, havendo mesmo indícios sobre a existência de 2 ou 3 casais neste local. Mas, desde há uns anos para cá, as aves desapareceram sem deixar rasto. Também nas Portas de Ródão, junto ao Tejo, a espécie conheceu igual sorte. Mas então o que está a acontecer aos chascos-pretos portugueses? Antes de respondermos a esta questão, vamos conhecer um pouco melhor o aspecto desta ave e as suas actuais zonas de ocorrência.

Uma ave pouco conhecida

O chasco-preto é uma ave preta e branca da família dos turdídeos. O macho é todo preto, com excepção da cauda, que é sobretudo branca, criando um forte contraste, muito visível quando a ave voa. A fêmea é parecida, mas o tom de base é acastanhado e não preto. Contrariamente às outras duas espécies de chascos (género *Oenanthe*) que ocorrem em Portugal, que são ambas migradoras, o chasco-preto é residente, o que significa que permanece entre nós durante todo o ano.

Tendo o chasco-preto desaparecido dos castelos de Noudar e de Marvão, que eram certamente os sítios mais fáceis para encontrar a espécie, a observação deste chasco em território português constitui hoje um desafio para qualquer ornitólogo. Para este facto contribuem a sua raridade, as características do habitat que frequenta e o facto de se distribuir sobretudo por zonas remotas do interior, junto à fronteira.

As duas principais zonas de ocorrência do chasco-preto são actualmente a bacia do Tejo Internacional e dos seus afluentes (nomeadamente o rio Erges) e o Alto Douro, aproximadamente entre S. João da Pesqueira e Freixo de Espada à Cinta. No centro e no norte do país, o chasco-preto não ocorre em castelos e prefere zonas íngremes e muitas vezes inacessíveis, como vales alcantilados. Também pode ocorrer em olivais ou vinhas com socalcos, nomeadamente na zona do chamado Douro vinhateiro. Observar um chasco-preto pode obrigar a percorrer longas distâncias e a perscrutar cuidadosamente amplos vales rochosos, sem saber muito bem por onde andará a ave.

Apesar destas dificuldades, uma vez localizado, o chasco-preto deixa-se observar relativamente bem, pois tem por hábito pousar em locais visíveis, como rochedos ou postes. Guarda sempre alguma distância, pois é uma ave tímida.

Uma história de regressão

O desaparecimento do chasco-preto de diversos locais do nosso território não é um fenómeno recente. A sua área de distribuição parece ter sofrido uma contracção acentuada ao longo de todo o século XX. Há cem anos, por exemplo, o chasco-preto tinha uma distribuição alargada ao longo do vale do Douro, passando pelo Pinhão, pela Régua e ocorrendo mesmo próximo do Porto, sendo então frequente nos socalcos das vinhas e nidificando em edifícios e adegas do Vinho do Porto. Ocorria igualmente na ilha Berlenga, onde a sua nidificação foi confirmada em 1939, mas de onde terá desaparecido nos 30 anos seguintes. No Alentejo era conhecida a sua ocorrência em Vila Viçosa. Crê-se que no século XIX terá tido uma distribuição ainda mais alargada, tendo nomeadamente ocorrido na serra do Gerês e na região de Coimbra, onde hoje está ausente. Os dados históricos disponíveis, juntamente com o recente desaparecimento da espécie de Noudar, Marvão e Ródão, sugerem que a regressão populacional desta espécie ainda não tenha terminado.

Este panorama é pouco animador e suscita de imediato as seguintes questões: "então e não há nada que se possa fazer para inverter esta situação? Porque não pensar em desenvolver um projecto de conservação que permita contrariar esta tendência regressiva?" Infelizmente, a solução não é assim tão simples. Contrariamente ao que acontece com outras espécies de aves, cujas populações são regularmente monitorizadas, o chasco-preto é uma espécie mal conhecida, a sua população encontra-se grosseiramente estimada em várias centenas de casais e as causas do seu declínio não são bem conhecidas. Poderemos especular sobre a pressão humana em determinadas zonas, como aconteceu no castelo de Noudar, mas isso não explica, por si só, a grande contracção da área de distribuição da espécie. Também já tem sido referida a florestação de determinadas áreas ou a realização de obras em edifícios, mas não se sabe qual a importância relativa de cada um destes factores.

É de referir que a espécie se extinguiu em França durante a década de 1990 e que em Espanha, o único outro país europeu onde o chasco-preto ainda ocorre e onde subsistem vários milhares de casais, também se tem registado uma diminuição populacional. Considerando a sua diminuta área de distribuição actual, afigura-se provável que o chasco-preto venha a desaparecer definitivamente de Portugal num futuro próximo, perfilando-se, por isso, como um sério candidato a integrar a lista das espécies extintas.

Ficha técnica

- **Nome vulgar**: Chasco-preto
- **Outros nomes vulgares**: Chasco-de-leque, Melro-buraqueiro, Negrita, Rabo-branco
- **Nome científico**: *Oenanthe leucura*
- **Dimensão**: 16 a 18 cm
- **Descrição**: todo preto, excepto a cauda que é branca, com uma barra terminal preta em forma de T.
- **Espécies semelhantes**: o tom preto com a cauda branca tornam esta espécie inconfundível quando em voo; quando a ave está pousada, o branco não é visível e à distância poderá ser confundido com um melro-azul.
- **Habitat**: vales alcantilados, zonas escarpadas e, por vezes, castelos ou ruínas; também ocorre em vinhas com socalcos.
- **Distribuição**: raro e com uma distribuição muito localizada, actualmente limitada aos vales do Tejo e do Douro superiores, junto à fronteira
- **Estatuto migratório**: residente, sendo raramente observado fora da área normal de distribuição

---

Publicado no jornal Quercus Ambiente nº 20, de Julho e Agosto de 2006.

A gaivota mais rara da Europa

A gaivota-de-audouin constitui um caso de sucesso na conservação de espécies ameaçadas. Há alguns anos, esta espécie colonizou pela primeira vez o território português, tendo estabelecido uma pequena população nidificante no Algarve.

A gaivota-de-audouin nidifica localmente em áreas costeiras e em ilhas no Mediterrâneo. 75% da sua população mundial situa-se na Europa, que assim tem grandes responsabilidades ao nível da conservação global desta espécie. Há cerca de 40 anos chegou a ser considerada a gaivota mais rara do mundo e chegou a estar ameaçada de extinção. Felizmente, a realização de diversos projectos de conservação permitiu salvar esta espécie da situação crítica em que se encontrava. Ainda assim, continua a ser uma das espécies de gaivota mais raras a nível global. A população mundial encontra-se estimada em cerca de 19200 casais, sendo assim relativamente reduzida, embora tenha sofrido um aumento substancial ao longo dos últimos 20 anos. A quase totalidade da população nidificante encontra-se em Espanha, que reúne cerca de 17000 casais e onde a espécie sofreu uma expansão importante nas últimas duas décadas. Seguem-se, por ordem de importância, a Itália e a Grécia, ambas com populações estimadas entre 500 e 1000 casais. O resto da população distribui-se por França, Chipre, Turquia, Croácia e Portugal, tendo todos estes países menos de 100 casais nidificantes. Acrescem ainda algumas centenas de casais no norte de África (Marrocos, Tunísia e, principalmente, Argélia). É de assinalar que esta espécie apresenta uma distribuição muito fragmentada 90% da população nidificante na Europa está concentrada em apenas 10 sítios, o que, mesmo tendo em conta a expansão registada, torna esta gaivota bastante vulnerável. A maioria da população inverna fora do Mediterrâneo, particularmente na costa ocidental africana, entre Marrocos e o Senegal. As aves migram através do estreito de Gibraltar, sendo os períodos de passagem de Julho a Outubro e novamente em Março e Abril.

Uma expansão notável

A população mundial desta espécie aumentou consideravelmente desde 1965. Com efeito, em 1966 foram recenseados 800 a 1000 casais nidificantes, mas em 1989 a população total atingia já os 9000 a 9500 casais. Embora a qualidade dos censos mais recentes possa ter contribuído para aumentar um pouco o valor total, não há dúvida que houve um aumento médio de 10 a 11% por ano. Tal como aconteceu com outras espécies de gaivotas, é possível que esse aumento se tenha ficado a dever, pelo menos em parte, não apenas à protecção das suas principais colónias de nidificação, mas também à capacidade destas aves para aproveitar desperdícios originados pela indústria pesqueira, particularmente no Delta do Ebro (Espanha). Em 1993 a população espanhola era já de 14000 casais, dos quais mais de 9300 no Delta do Ebro e 3500 nas Ilhas Chafarinas. Na actualidade, o local mais importante continua a ser o Delta do Ebro, que alberga 11300 casais, o que representa cerca de dois terços da população reprodutora espanhola e 60% da população europeia. Outros locais relativamente importantes para a nidificação desta espécie em Espanha são: as ilhas Chafarinas (com 2700 casais), as Ilhas Columbretes (625 casais) e as Ilhas Baleares, onde se destaca para o pequeno arquipélago de Cabrera (cerca de 400 casais). Estes números evidenciam a rapidez com que se deu expansão populacional desta gaivota. O desenvolvimento da colónia do Ebro, que se estabeleceu com apenas 36 casais em 1981 e atingiu 4200 casais em 1989, foi especialmente notável.

A situação em Portugal

Até meados da década de 1990, esta gaivota era considerada uma raridade em Portugal. Os poucos registos conhecidos provinham do Algarve e tinha sido efectuados principalmente durante o Verão, período que corresponde à dispersão pós-nupcial desta espécie, quando as aves migram das zonas de cria, situadas no Mediterrâneo, para as zonas de invernada, situadas ao longo da costa ocidental africana. Havia também alguns registos na Primavera (Março ou Abril).

Com a expansão populacional verificada nas principais colónias do Mediterrâneo, nomeadamente em Espanha, a espécie passou a ser observada com mais frequência em Portugal, tendo-se tornado uma presença regular no Algarve durante o Verão (particularmente no mês de Agosto, em que têm sido observados, com relativa frequência, bandos de algumas dezenas ou mesmo centenas de aves).

A partir do ano 2000 a gaivota-de-audouin começou a ser observada no Sapal de Castro Marim durante a época de nidificação, tendo no ano seguinte sido confirmada a sua reprodução neste local. Em 2002 e 2003 houve novas tentativas de reprodução, mas não tiveram sucesso, devido em parte à predação por parte de cães e gaivotas. Entretanto, em 2003 estabeleceu-se uma pequena colónia na ria Formosa, composta por algumas dezenas de casais, que tem nidificado nos últimos anos. Esta pequena colónia representou um alargamento da área de nidificação da espécie para fora do Mediterrâneo, pois ainda em meados da década de 1990 não se conhecia qualquer colónia desta espécie a oeste do estreito de Gibraltar.

Como identificar esta gaivota

A identificação de gaivotas nem sempre é muito fácil, devido às semelhanças entre as diferentes espécies e à multiplicidade de plumagens. As gaivotas tendem a formar bandos mistos, que se reúnem nas praias ao fim da tarde, para aí pernoitar.

Os adultos de gaivota-de-audouin distinguem-se dos de gaivota-argêntea pelo bico vermelho escuro (que pode parecer preto à distância) e pelas patas escuras acinzentadas ou esverdeadas. Em voo as asas são prateadas com a extremidade escura. Todas as outras gaivotas grandes têm o bico amarelado e as patas amarelas ou rosadas e as gaivotas mais pequenas apresentam o bico vermelho têm as patas vermelhas.

Os juvenis podem ser mais difíceis de reconhecer, devido ao tom castanho da plumagem, distinguindo-se as gaivotas-de-audouin das mais comuns gaivotas-d'asa-escura pelo padrão da parte inferior da asa.

Ficha técnica

- **Nome vulgar**: Gaivota-ade-audouin
- **Outros nomes vernáculos**: Alcatraz-de-audouin
- **Nome científico**: *Larus audouinii*
- **Dimensão**: 44-52 cm; envergadura 117-128 cm
- **Descrição**: asas cinzentas, cabeça branca, bico vermelho escuro, patas azuladas ou acinzentadas
- **Espécies semelhantes**: a gaivota-argêntea e a gaivota-d'asa-escura têm as patas amarelas e não cinzentas e tem o bico amarelo e não vermelho-escuro.
- **Habitat**: ocorre quase exclusivamente em zonas costeiras, sendo muito rara no interior do território; no Algarve, onde é mais frequente, encontra-se sobretudo em praias e salinas.
- **Distribuição**: é regular na costa do Algarve, sendo rara no resto do país
- **Estatuto migratório**: nidifica sobretudo no Mediterrâneo e inverna ao longo da costa ocidental africana; em Portugal é principalmente migradora de passagem; desde 2001 nidificam alguns casais no sotavento algarvio.

Publicado no jornal Quercus Ambiente nº 21, de Setembro e Outubro de 2006.

O abelharuco

De entre todas as espécies de aves que ocorrem em Portugal, o abelharuco é seguramente uma das mais espectaculares. Para isso contribuem as suas cores vivas, com tons alegres e variados, fazendo lembrar uma ave tropical e não uma espécie europeia. Mercê do seu hábito de pousar em fios eléctricos, por exemplo ao longo das estradas, o abelharuco é geralmente fácil de observar.

Quem se inicie na observação de aves e adquira um guia de identificação, não deixará certamente de reparar numa ave de cores vivas, que dá pelo nome de abelharuco.

O nome científico, *Merops apiaster*, tem a sua origem nos idiomas grego (no caso da palavra *Merops*, que designa o abelharuco) e latim (no caso do termo *apiaster*, que deriva de *apis* – abelha e que assim significa a ave que come abelhas).

Apesar do seu aspecto exótico, fazendo lembrar uma ave tropical, o abelharuco é uma das aves mais características da avifauna mediterrânica, distribuindo-se por todos os países do sul da Europa e norte de África. Em Portugal Continental pode ser considerado comum e a sua área de distribuição abrange uma parte substancial do nosso território, nomeadamente toda a zona a sul do Tejo e ainda a maior parte da Beira Interior e do Nordeste transmontano (ver mapa). Note-se, contudo, que esta área de distribuição corresponde unicamente à região geográfica onde a espécie está presente durante a época de nidificação, já que durante o Inverno o abelharuco não pode ser observado em Portugal. Efectivamente, tal como muitas espécies de aves insectívoras, o abelharuco é migrador, o que significa que, uma vez terminada a época dos ninhos, parte em direcção a África, para aí passar os meses de Inverno. Pelo facto de atravessar todo o deserto do Sara até atingir os chamados quartéis de invernada na África tropical, recebe o nome de migrador *transariano* (ou transariano).

Quando regressa de África, chega geralmente a Portugal nos primeiros dias de Abril, embora em certos anos as primeiras aves possam ser vistas já em finais de Março, no sul do país. A pouco e pouco, as aves vão ocupando os seus territórios, geralmente situados na zona onde nasceram. Uma vez constituídos os casais e escolhido o local de nidificação, as aves dão início à construção do ninho. Este situa-se num buraco, sendo o acesso feito através de um túnel escavado pelas aves na terra ou na areia, expressamente para este efeito. A construção do buraco onde se irá situar o ninho é, aliás, um feito de que poucas espécies de aves se podem "orgulhar": em Portugal, para além dos abelharucos, só os pica-paus e as andorinhas-das-barreiras abrem os seus próprios buracos – todas as outras espécies que nidificam em cavidades - mochos, corujas, chapins, papa-moscas, trepadeiras e pardais, entre outros - utilizam aberturas já existentes (embora nalguns casos, como o da trepadeira-azul, a dimensão do orifício de entrada seja posteriormente adaptada às necessidades do seu ocupante).

Os locais de nidificação preferidos do abelharuco são as barreiras de terra de pequena ou média dimensão, no entanto na ausência destas a entrada do túnel pode ser implantada numa pequena cova no solo. O túnel pode ter 2 a 3 metros de comprimento, terminando numa câmara onde está situado o ninho propriamente dito. Embora os abelharucos possam nidificar isoladamente, é frequente encontrar colónias desta espécie, compostas por vários ninhos situados a poucos metros uns dos outros.

Onde pode, então, ser encontrada esta bonita ave? A resposta é: um pouco por toda a sua área de distribuição, se bem que com maior facilidade na parte sul da sua área de distribuição (Alentejo e Algarve), uma vez que aí é mais abundante. O abelharuco pousa frequentemente nos fios telefónicos ao longo das estradas, sendo então fácil de observar e, com um pouco de sorte, de fotografar. Assim, a melhor estratégia para encontrar o abelharuco será percorrer, de automóvel, algumas estradas ao longo da qual existam fios telefónicos ou eléctricos. Durante a época de nidificação é mesmo frequente encontrar estas aves aos pares, sendo então possível identificar os dois membros do casal.

De facto, embora a fêmea e o macho sejam idênticos no que diz respeito aos tons da plumagem, este distingue-se daquela pelo facto de ter as rectrizes (penas centrais da cauda) um pouco mais longas – esta distinção é geralmente possível quando ambos os membros do casal são vistos em conjunto, mas pode ser menos óbvia quando se observa um indivíduo isoladamente.

Refira-se que uma observação atenta dos fios telefónicos e dos postes ao longo das estradas permite geralmente encontrar outras espécies de aves, tais como a pega-rabuda, o picanço-real, a rola-comum, o peneireiro-de-dorso-liso, a águia-d'asa-redonda e, em certas regiões, até o rolieiro. Convém, contudo, usar a máxima prudência quando se percorrem estradas à procura de aves em fios telefónicos, pois o entusiasmo pela observação de alguma ave mais rara pode significar uma menor atenção à condução e, portanto, mais perigo. Deste modo, é preferível optar por estradas municipais, onde o tráfego automóvel é menor e onde se pode parar com mais facilidade.

O abelharuco é considerado uma espécie não ameaçada pelo "Livro Vermelho dos Vertebrados de Portugal".

Ficha técnica

- **Nome vulgar**: Abelharuco
- **Nome científico**: *Merops apiaster*
- **Dimensão**: 27-29 cm
- **Voz**: "schrrruk" enrolado que pode ser ouvido a grande distância
- **Habitat**: paredes rochosas do litoral ou do interior; ocorre em planície e em montanha
- **Distribuição**: Todo o sul do país, bem como parte da Beira Interior e leste de Trás-os-Montes
- **Estatuto migratório**: migrador estival, que nidifica no nosso país e inverna em África. Ocorre de Abril a Agosto

Publicado no jornal ABC Ambiente nº 20, de Maio de 2000.

A história da andorinha-dáurica

Em Portugal nidificam regularmente cinco espécies de andorinhas. Mas nem sempre foi assim, pois até 1950 apenas era conhecida a ocorrência de quatro espécies no país. Foi então que uma quinta espécie de andorinha, até aí desconhecida, começou a ocupar o nosso território.

Corria o ano de 1951. O ornitólogo inglês H. W. Coverley, em visita ao Alentejo, descobriu vários ninhos de andorinha-dáurica, na região de Portel; alguns estavam construídos em escarpas rochosas pouco acessíveis, junto ao rio Degebe, outros estavam localizados em pontes. Esta foi a primeira referência que se conhece, por parte de um ornitólogo, à ocorrência e à nidificação desta andorinha em Portugal. Poucos anos mais tarde, em Setembro de 1956, foi observado um indivíduo na costa alentejana (perto de Vila Nova de Milfontes) e um outro no alto da Fóia, Monchique. Estas observações isoladas constituem praticamente tudo o que se sabe sobe a ocorrência desta espécie na década de 1950.

Durante as décadas que se seguiram, a andorinha-dáurica sofreu uma espectacular expansão no nosso território, tendo deixado de ser muito rara e passado a ser relativamente comum. Assim, na década de 1960 a espécie foi observada noutros locais do Alentejo, mas também no Ribatejo, na Beira interior, no Douro Litoral e em Trás-os-Montes. Contudo, apesar deste alargamento da sua área de distribuição, a espécie era ainda considerada rara e muito localizada. Supõe-se, com base nas referências históricas existentes, que a principal fase de expansão da andorinha-dáurica em Portugal tenha ocorrido na década de 1970. Com efeito, quando terminaram os trabalhos de campo do atlas de aves nidificantes, que tiveram lugar de 1978 a 1984, verificou-se que esta espécie se distribuía já por uma grande parte do território nacional. Em 1978 esta andorinha foi observada pela primeira vez no Parque Nacional da Peneda-Gerês e em 1985 foi confirmada a sua nidificação no Douro Litoral, junto ao rio Paiva.

A sua expansão parece não ter ainda terminado, uma vez que se verifica a ocupação de novos habitats, como aglomerados populacionais de média dimensão, onde antes a sua ocorrência era excepcional. Além disso, na Estremadura existem várias áreas onde a espécie só começou a nidificar a partir de meados da década de 1990.

Vale a pena referir que em Espanha, onde a andorinha-dáurica foi registada pela primeira vez em 1921 e onde até 1929 apenas era conhecida a sua presença no extremo sul do país, a sua expansão se deu, maioritariamente, durante as décadas de 1950 e 1960, mas o aumento demográfico continuou durante as duas décadas seguintes. No resto dos países do sul da Europa onde a espécie nidifica, também se tem registado a expansão da espécie para norte.

A situação actual

Hoje, mais de cinquenta anos após o primeiro caso documentado de nidificação confirmada no nosso país, a andorinha-dáurica distribui-se pela maior parte do território continental português. Parece ser mais comum a sul do rio Tejo e é claramente mais numerosa na metade oriental do território, nomeadamente no interior alentejano e em certas zonas do nordeste.

Tal como a maioria dos outros membros da sua família, é um visitante estival que passa o Inverno em África. Os primeiros indivíduos podem geralmente ser observados em finais de Fevereiro, no sul do país e a partir de Março a espécie pode ser encontrada um pouco por todo o território. A partida das aves dá-se sobretudo em Setembro, embora por vezes sejam observados indivíduos isolados ou pequenos bandos até princípios de Novembro. A ocorrência desta andorinha nos meses de Inverno é um fenómeno excepcional.

Esta espécie frequenta uma grande variedade de habitats, apresentando alguma preferência por áreas pouco humanizadas e por vales de rios e ribeiras com zonas escarpadas. Também ocorre em planície e, ocasionalmente, em montanha, até aos 1500 metros de altitude. Em certas zonas do interior pode, por vezes, ser vista em aldeias ou pequenas vilas, mas evita os aglomerados urbanos de grande dimensão. Evita também as zonas densamente florestadas, ocorrendo apenas na orla destas ou em clareiras.

O ninho de andorinha-dáurica é muito característico. Contrariamente ao da sua congénere andorinha-das-chaminés, que constrói o clássico ninho em forma de taça, o ninho da andorinha-dáurica é composto por uma câmara fechada (mais ao estilo do da andorinha-dos-beirais), mas com a particularidade de ter um túnel de acesso, que tem cerca de 10 cm de comprimento. Deste modo, não é geralmente possível observar o seu conteúdo.

Para nidificar, a andorinha-dáurica utiliza quase exclusivamente construções humanas. Entre estas, as pontes constituem o suporte usado com maior frequência, havendo registos de nidificação em pontes de todos os tipos, desde pequenas pontes sobre ribeiras até grandes viadutos de betão sobre auto-estradas. A espécie também nidifica em ruínas e edifícios abandonados. Por vezes constrói o ninho por baixo de varandas ou sob coberturas, em pequenos aglomerados populacionais. No Alto Alentejo foram registados alguns casos curiosos de nidificação em antas megalíticas, sendo o ninho construído no interior da anta, sob a laje de cobertura. Localmente ainda nidifica em fragas, como acontece na zona de Vila Velha de Ródão, na região da serra de São Mamede e na Serra do Gerês.

Ficha técnica

- **Nome vulgar**: Andorinha-dáurica
- **Nome científico**: *Hirundo daurica*
- **Dimensão**: 17 a 18 cm.
- **Descrição**: preta e dourada. O preto abrange as partes superiores, as asas e a longa cauda, ao passo que o tom dourado se estende desde a garganta até ao ventre e também abrange o uropígio.
- **Espécies semelhantes**: a andorinha-das-chaminés também tem as asas e o dorso pretos e a cauda comprida, mas falta-lhe o tom dourado no uropígio; a andorinha-dos-beirais tem o uropígio e as partes inferiores de tom branco e não dourado, sendo a cauda mais curta.
- **Habitat**: terrenos abertos com construções isoladas, como castelos ou pontes; é frequente ao longo de vales cavados de rios, usando as pontes para nidificar; ocasionalmente ocorre em zonas habitadas, mas evita os grandes aglomerados urbanos.
- **Distribuição**: distribui-se por todo o território continental, sendo mais frequente no interior alentejano que no resto do país.
- **Estatuto migratório**: estival, pode ser observada sobretudo de Março a Setembro, ocasionalmente até ao princípio de Novembro. Existem observações esporádicas em pleno Inverno.

Publicado no jornal Quercus Ambiente nº 22, de Janeiro e Fevereiro de 2007.

Borrelhos com e sem coleira

Em Portugal podem ser encontradas três espécies de borrelhos. Estas pequenas aves aquáticas, do grupo das limícolas, ocorrem geralmente ao longo das margens de águas pouco profundas, nomeadamente em estuários, lagoas, rias, salinas e açudes, podendo também ser encontrados junto a certos cursos de água.

O termo *limícola* é usado para designar um grupo de aves aquáticas que compreende 214 espécies, distribuídas por 13 famílias, das quais 6 se encontram representadas em Portugal. As limícolas ocorrem principalmente em zonas húmidas e são consideradas um bom indicador do estado de conservação destas áreas ecologicamente sensíveis.

Uma das maiores famílias de aves limícolas é a família Charadriidae, que é composta por um total de 67 espécies em todo o mundo, incluindo os abibes e as tarambolas. Com cerca de 15 a 20 cm de comprimento, os borrelhos encontram-se entre os membros mais pequenos desta família.

Todos os borrelhos possuem um bico relativamente curto e alimentam-se em zonas abertas com vegetação muito curta ou no solo nu. Quando em alimentação, o seu comportamento é bastante característico: pequenas corridas alternam com pausas, durante as quais a ave fica quase imóvel. Estas pausas constituem, na verdade, momentos de observação, destinados a localizar os pequenos invertebrados aquáticos de que se alimenta.

A plumagem destas aves é composta por um misto de tons de castanho, bege, preto e branco. Duas das espécies que ocorrem em Portugal – o borrelho-grande-de-coleira e o borrelho-pequeno-de-coleira – apresentam uma coleira e uma máscara pretas, que conferem bastante contraste ao padrão facial, contudo este padrão revela-se, na verdade, bastante críptico, pois confunde-se facilmente com o substrato ribeirinho envolvente, cuja coloração é, muitas vezes, descontínua e variada. No caso do borrelho-de-coleira-interrompida, que privilegia salinas, praias e dunas, a ausência de coleira negra e o tom acastanhado da plumagem asseguram uma melhor camuflagem com os tons uniformes do habitat que frequenta.

Das três espécies que ocorrem regularmente em Portugal, duas são nidificantes. O ninho destas aves, pouco elaborado, consiste numa pequena cova no solo, onde são depositados os ovos. Durante a época dos ninhos, quando um borrelho se sente ameaçado pela aproximação de um predador ou de um ser humano, realiza uma curiosa sequência de movimentos conhecida por "simulação de asa partida". Nesta sequência, a ave arrasta a asa pelo solo, como se estivesse magoada. Esta representação tem por objectivo distrair o observador e afastar a sua atenção do local onde se encontra o ninho.

Fora da época de nidificação, os borrelhos podem ser encontrados em grande número nas zonas húmidas costeiras, nomeadamente em estuários, rias e salinas, formando então bandos de algumas dezenas ou mesmo centenas de aves, muitas vezes em companhia de outras espécies de aves aquáticas.

Debrucemo-nos então com mais pormenor sobre as três espécies que ocorrem em Portugal.

O borrelho-grande-de-coleira

É o mais comum dos três borrelhos que ocorrem em Portugal e é o único que não nidifica no nosso país. Na Primavera migra para os países do Norte da Europa, para aí se reproduzir e de Maio a Julho encontra-se largamente ausente do país, embora alguns imaturos não reprodutores possam permanecer entre nós. A partir do final do Verão, surge em grande número nos estuários, mas muitas das aves que aqui ocorrem nessa época são na verdade migradores de passagem que têm como destino a África ocidental. A partir de Outubro, as populações invernantes estabelecem-se nas zonas húmidas do país. As maiores concentrações ocorrem nos estuários do Tejo e do Sado, na ria de Aveiro e na ria Formosa, podendo também encontrar-se esta espécie em menor número noutros pontos da costa.

O borrelho-pequeno-de-coleira

Esta pequena limícola escapa muitas vezes aos observadores de aves que façam sobretudo observação nos estuários. Ao contrário da espécie anterior, à qual se assemelha, esta ave prefere zonas de água doce e por isso distribui-se principalmente pelo interior do território. É uma espécie estival, que chega na segunda quinzena de Março ou princípio de Abril e permanece entre nós até aos meses de Verão. Finda a época de reprodução, as aves regressam a África. Assim, a melhor época para observar o borrelho-pequeno-de-coleira é precisamente o período em que o borrelho-grande-de-coleira está ausente. A região onde é mais comum é o interior alentejano, por ser aqui que encontra maior disponibilidade de habitat: ribeiras de caudal lento, geralmente com margens arenosas ou de cascalheira. Ocorre também junto a pequenos açudes de rega. Embora existam observações desta espécie durante o Inverno, a sua ocorrência na estação fria pode ser considerada a excepção e não a regra.

O borrelho-de-coleira-interrompida

É a única das três espécies que pode ser observada em Portugal durante todo o ano. No entanto, isso não significa que as aves que aqui ocorrem sejam sedentárias, pois existem registos de aves capturadas no estrangeiro. Pensa-se que uma parte da população que nidifica em Portugal migra para África, que ocorrem no país muitas aves em passagem migratória e que o nosso território acolhe também alguns invernantes vindos de regiões mais a norte. As aves nidificantes preferem sobretudo salinas, praias e dunas. As regiões onde é mais comum são: o Algarve, a ria de Aveiro e ainda os estuários do Mondego, do Tejo e do Sado. Ocasionalmente a espécie já foi encontrada a nidificar no interior do território, por exemplo em margens de albufeiras pouco profundas ou em ilhas de areia no rio Tejo.

Como identificar os borrelhos

Embora as três espécies que ocorrem no nosso país sejam relativamente parecidas, a identificação dos borrelhos não é muito complicada uma vez que o facto de as três espécies ocorrerem em regiões distintas e em diferentes épocas do ano constitui uma grande ajuda, sendo que no Inverno não há geralmente borrelho-pequeno-de-coleira e no interior as outras duas espécies são raras.

Em termos de identificação, a existência ou não de uma coleira completa pode ser enganadora, pois mesmo nas espécies com coleira, esta apenas está presente durante a época de nidificação. Assim, para uma melhor identificação dos borrelhos, há que observar outras características morfológicas, a saber: a cor das patas, a presença de barra alar e a vocalização (ver guia de consulta rápida). Estes aspectos encontram-se mais desenvolvidos em qualquer guia de identificação.

GUIA DE CONSULTA RÁPIDA

Distribuição

Nome vulgar	Nome científico	Abundância	Estatuto migratório	Zonas onde é mais comum
Borrelho-pequeno-de-coleira	Charadrius dubius	Pouco comum	Estival nidificante	No interior, em rios e ribeiras de água doce com cascalheira
Borrelho-grande-de-coleira	Charadrius hiaticula	Comum	Migrador de passagem e invernante	Junto à costa, em estuários e lagoas
Borrelho-de-coleira-interrompida	Charadrius alexandrinus	Pouco comum a comum	Residente e invernante	Estuários, praias e salinas

Identificação

Nome vulgar	Nome científico	Cor das patas	Barra alar branca	Chamamento
Borrelho-pequeno-de-coleira	Charadrius dubius	Amareladas	Não	"tiiiuu" descendente
Borrelho-grande-de-coleira	Charadrius hiaticula	Cor de laranja	Sim	"huuu-iit" dissilábico, ascendente
Borrelho-de-coleira-interrompida	Charadrius alexandrinus	Pretas	Sim	"Kit" curto

Publicado no jornal Quercus Ambiente nº 23, de Maio e Junho de 2007.

A gralha-de-bico-vermelho

Nas zonas rochosas da costa sudoeste, nalgumas serras do norte e do centro e nos vales alcantilados do nordeste nidifica uma das espécies mais ameaçadas da nossa avifauna: a gralha-de-bico-vermelho. Pese embora o facto de quase toda a população desta ave ocorrer hoje dentro de áreas protegidas, a espécie tem vindo a regredir desde há várias décadas, encontrando-se hoje ameaçada.

A família dos corvídeos encontra-se representada em Portugal por sete espécies: o gaio, a pega-rabuda, a pega-azul, o corvo, a gralha-preta, a gralha-de-nuca-cinzenta e a gralha-de-bico-vermelho. Segundo o *Livro Vermelho dos Vertebrados de Portugal* (Instituto da Conservação da Natureza, 2005), as seis primeiras espécies não têm actualmente estatuto de ameaça no nosso país (embora o corvo esteja na categoria "quase-ameaçado"). Já a gralha-de-bico-vermelho se encontra actualmente na categoria "Em Perigo", sendo por isso, de todas as espécies de corvídeos que ocorrem no país, aquela que suscita maiores preocupações a nível de conservação.

Esta gralha é bastante fácil de identificar: com efeito, o bico e as patas vermelhas, em conjunto com a plumagem totalmente negra, eliminam a confusão com qualquer outra ave portuguesa. É uma espécie típica de ambientes rupícolas, surgindo por isso associada a zonas de escarpas ou falésias rochosas, tanto na faixa costeira como no interior. Os seus dormitórios situam-se igualmente em zonas rochosas da mesma natureza, muitas vezes em locais de difícil acesso. Já o habitat de alimentação é composto por zonas abertas, como pastagens e terrenos sujeitos a agricultura não intensiva. A dieta é composta sobretudo por invertebrados, nomeadamente ortópteros, dermápteros, hemípteros, dípteros e himenópteros, entre outros, mas no Inverno pode igualmente incluir grãos ou bagas.

Em Portugal a gralha-de-bico-vermelho apresenta uma distribuição muito fragmentada e actualmente são conhecidos cinco núcleos principais de ocorrência desta espécie, sendo três no norte (Serra do Gerês, Serra do Alvão e Douro Internacional), um no centro (Serra dos Candeeiros) e um no sul (Costa Sudoeste). De acordo com as estimativas mais recentes, a população portuguesa deverá ser inferior a 1000 indivíduos maturos, sendo o núcleo do Douro Internacional aquele que alberga um efectivo mais importante, com 100 a 150 casais, seguido do da Serra dos Candeeiros, que deverá contar com 100 indivíduos.

A população desta espécie tem vindo a diminuir regularmente ao longo das últimas décadas, tanto em termos de área de distribuição como em relação ao número de indivíduos, sendo de referir que o mesmo tem vindo a suceder no resto da Europa. No passado deverão ter existido em Portugal outros núcleos populacionais, por exemplo na Serra da Estrela, onde a ocorrência da espécie foi registada com regularidade na zona do Cântaro Magro até à década de 1990 – hoje a sua presença neste local parece ser muito irregular.

Porque diminuiu a população desta gralha? Os factores que terão conduzido à regressão desta espécie são múltiplos, mas encontram-se ligados principalmente às alterações no seu habitat e à perturbação causada por actividades humanas. Em particular, a intensificação da agricultura, associada ao abandono de práticas agrícolas tradicionais, bem como o uso de pesticidas e de outros produtos químicos, terá afectado negativamente as populações desta espécie, ao limitar os seus recursos alimentares. Por outro lado, as actividades turísticas e de lazer, nomeadamente as actividades de escalada e espeleologia e o uso de veículos todo-o-terreno, representam um importante factor de perturbação junto das colónias e dos dormitórios. É de assinalar que praticamente toda a população nidificante se encontra dentro dos limites de áreas protegidas, no entanto até ao momento não existem sinais claros de que a tendência regressiva das últimas décadas se tenha invertido. Isto explica o estatuto de conservação desfavorável que foi atribuído à gralha-de-bico-vermelho.

Apesar da situação preocupante que se verifica em Portugal e noutros países da Europa, a espécie não parece para já estar ameaçada a nível mundial, havendo populações importantes na Ásia Central e no Norte de África. Em Marrocos, por exemplo, existe um efectivo importante nas montanhas do Atlas, onde por vezes se observam bandos de muitas centenas de indivíduos, quase tantos como a totalidade da população portuguesa.

Onde observar esta gralha

A natureza do habitat de nidificação desta espécie faz com que os seus ninhos se situem habitualmente em zonas inacessíveis, tornando difícil e até perigosa qualquer tentativa de aproximação. Contudo, como a espécie se alimenta em terrenos agrícolas, é geralmente mais fácil observá-las neste habitat.

O núcleo mais importante, o do Douro Internacional, é também o mais vasto. Nesta região, as aves distribuem-se por uma vasta área, que se estende desde Miranda do Douro até Freixo de Espada à cinta. Entre os melhores locais de observação refiram-se, por exemplo, a zona envolvente de Miranda do Douro, as Barragem do Picote e da Bemposta e a zona de Bruçó, perto de Mogadouro.

No Parque Nacional da Peneda-Gerês, a espécie reparte-se por dois locais: a zona de Castro Laboreiro, situada na parte norte da serra da Peneda, e o Planalto da Mourela, na parte leste do parque. Devido à dimensão reduzida desta população, a espécie pode ser bastante difícil de encontrar nesta região.

Na Serra dos Candeeiros, a gralha-de-bico-vermelho nidifica em algares, na zona do chamado Planalto de Santo António, situado na parte superior da serra, e pode ser vista nos terrenos circundantes.

No sul do país, a melhor zona para procurar esta gralha é a região de Sagres, nomeadamente os campos situados a norte do Cabo de São Vicente, onde não é raro observar bandos desta espécie, por vezes com algumas dezenas de indivíduos.

Ficha técnica

- **Nome vulgar**: Gralha-de-bico-vermelho
- **Outros nomes vernáculos**: Choi, Choia, Corvacho, Corvo-pequeno
- **Nome científico**: *Pyrrhocorax pyrrhocorax*
- **Dimensão**: 37-41 cm; envergadura 68-80 cm.
- **Descrição**: plumagem inteiramente preta; bico vermelho, longo e recurvado; patas vermelhas.
- **Espécies semelhantes**: embora superficialmente parecida com a gralha-preta, o bico e as patas vermelhas eliminam qualquer confusão. A espécie mais parecida, a gralha-de-bico-amarelo, nidifica no norte de Espanha (cordilheira cantábrica e Pirenéus), mas não ocorre em Portugal.
- **Habitat**: nidifica em zonas rupícolas, nomeadamente grutas, algares, furnas marítimas ou escarpas; alimenta-se em terrenos agrícolas situados nas imediações dos seus locais de nidificação.
- **Distribuição**: fragmentada e localizada, com núcleos reprodutores no Douro Internacional, nas serras do Gerês, do Alvão e dos Candeeiros e na Costa Sudoeste (Sagres).
- **Estatuto migratório**: Principalmente residente, raramente se afasta das zonas de nidificação, sendo por isso muito escassas as observações noutras zonas do país.

Publicado no jornal Quercus Ambiente nº 24, de Julho e Agosto de 2007.

Melro-das-rochas: uma ave de alta montanha

O presente artigo é dedicado a uma espécie pouco conhecida dos ornitólogos nacionais: trata-se do melro-das-rochas. Esta espécie de hábitos rupícolas ocorre nas zonas mais agrestes e elevadas das serranias do norte e centro, muitas vezes em locais pouco acessíveis. Fique a saber um pouco mais sobre este habitante das altitudes.

2 de Setembro de 1989. Castelo de Marvão, para uma visita em família. Debruçando-me sobre a muralha do castelo, procuro uma rocha onde uns meses antes observara um mocho, na esperança de vislumbrar novamente esta ave. Debalde. Não há sinais desta pequena rapina nocturna. Porém, em seu lugar, vejo um pássaro de aspecto pouco familiar, com a dimensão de um pequeno tordo, de aspecto malhado. A cauda arruivada e uma mancha branca no dorso permitem uma identificação imediata: está ali o meu primeiro melro-das-rochas! Apesar de ter voltado a Marvão em inúmeras ocasiões, decorreriam mais de 8 anos até que eu voltasse a ver um melro-das-rochas e isso só viria a acontecer na distante África oriental. Já em terras portuguesas foi preciso esperar 12 anos até poder observar de novo uma ave desta espécie – isso viria a acontecer em Julho de 2001 na Serra da Estrela, no planalto da Torre. Em contraste com a situação anterior, esta observação seria a primeira de uma longa série de observações que se estenderia pelos meses seguintes, em sucessivas visitas à Serra, onde agora eu tinha entrado, definitivamente, no território desta espécie.

Uma ave solitária

Solitário, esquivo, misterioso - assim se poderia definir o melro-das-rochas, uma ave que, mercê dos seus hábitos e do seu habitat tende a escapar aos olhares indiscretos de muitos observadores. Porque será esta espécie tão difícil de encontrar? Afinal, até se trata de uma ave com uma plumagem colorida e tons vivos, que ainda por cima gosta de pousar no topo dos

175

penedos, a partir de onde emite o seu canto aflautado, audível a grande distância... A razão desta dificuldade reside, por um lado, na sua baixa abundância, ou seja, é uma espécie pouco frequente entre nós, contando com uma população total de escassas dezenas de casais, que se distribuem de forma esparsa pela metade norte do território. Por outro lado, ocorre quase exclusivamente acima dos 1000 metros de altitude, sobretudo em zonas rochosas, onde a presença humana é baixa e os acessos são reduzidos ou inexistentes. A grata visão de um melro-das-rochas cantando no alto de um rochedo, embora possa ser feita por mero acaso, resulta geralmente de uma busca mais ou menos prolongada em zonas de habitat favorável. Pode significar algum trabalho de prospecção, já que não é uma ave fácil de encontrar, mas vale certamente a pena!

Insectívoro das altitudes

O melro-das-rochas é essencialmente insectívoro e a sua dieta é muito variada. Entre as presas mais consumidas, incluem-se: libelinhas, gafanhotos, larvas, moscas, vespas, abelhas, formigas, carochas, aranhas, lagartas e até caracóis. Por vezes também consome, lagartixas e pequenas rãs. O que levará uma espécie a especializar-se em zonas tão remotas e agrestes como o são os topos das serras, quando há tantas zonas aparentemente favoráveis e com abundantes recursos alimentares como são as planícies? A resposta não é imediata, uma vez que certamente há vários factores que explicam essa escolha. Contudo, há um aspecto que certamente influi numa tal escolha: a ausência de competição. Por outras palavras, embora os recursos alimentares em zonas de altitude sejam mais escassos, a verdade é que o número de espécies de aves que aqui ocorrem também é muito reduzido, pelo que o esforço necessário a lutar por esses recursos é também ele muito menor. Assim, o melro-das-rochas quase não encontra competidores que lutem pelos recursos que consome.

Onde encontrar o melro-das-rochas

Contrariamente a muitas outras espécies de aves, o melro-das-rochas não é uma espécie que um observador de aves possa ter a expectativa de encontrar em qualquer lado. Isto significa que aquele que pretenda observar esta espécie deverá ir à sua procura nos locais onde ocorre. A Serra da Estrela é, provavelmente, o melhor local para procurar esta espécie, não só devido à sua relativa abundância, mas também às facilidades de acesso que existem aos andares superiores desta serra. A espécie é mais frequente acima dos 1500m, particularmente nas zonas onde predominam fragas e grandes rochedos. Entre os locais onde a espécie pode ser observada com mais regularidade destacam-se o Cântaro Magro (onde frequentemente pode ser visto a cantar no topo), a zona da Lagoa do Covão das Quilhas (no planalto da Torre). Por vezes também aparece junto à Torre, pousando nos edifícios circundantes. Outras serras onde a espécie aparece com alguma frequência incluem: a Serra do Gerês, a Serra de Montemuro, a Serra de Montesinho e a Serra do Alvão. No sul do país o melro-das-rochas aparece unicamente em passagem migratória. É geralmente escasso, não se conhecendo nenhum local onde a sua presença possa ser considerada regular. Conhecem-se observações em diversos locais do Algarve, sendo a zona de Sagres aquela que reúne maior número de registos. Pontualmente, também já foi observado no Alentejo ou no Ribatejo.

Ficha técnica

- **Nome vulgar**: Melro-das-rochas
- **Outros nomes vernáculos**: Macuco, Melro-das-fragas, Melro-das-pedras, Melro-ferreiro, Melro-pedreiro, Raboruço-grande, Raibrugo-vermelho, Solitário
- **Nome científico**: *Monticola saxatilis*
- **Dimensão**: 17-20 cm
- **Descrição**: tem o aspecto de um pequeno tordo; o macho é azul por cima, com uma mancha branca no dorso, e laranja por baixo; a cauda também é laranja; a fêmea é malhada, mas também pode ser identificada pela cauda laranja.
- **Espécies semelhantes**: o melro-azul, de dimensão semelhante, não tem a cauda laranja; o rabirruivo-preto tem a causa laranja mas é muito mais pequeno.
- **Voz**: canto assobiado parecido com o do melro-azul ou da tordoveia.
- **Habitat**: zonas rochosas e zonas de mato com afloramentos rochosos; pode ocorrer em zonas com árvores esparsas; pousa no alto de rochedos e, por vezes, em edifícios, cabos aéreos e marcos geodésicos.
- **Distribuição**: é uma ave típica das zonas montanhosas do sul da Europa; em Portugal tem uma distribuição descontínua e muito fragmentada, estando praticamente ausente abaixo dos 1000m; as serras da Peneda, do Gerês e da Estrela albergam efectivos importantes, mas a espécie ocorre em diversas outras serras do norte e do centro. A sul do Tejo ocorre unicamente em passagem migratória.
- **Estatuto migratório**: estival nidificante, chega ao país em finais de Abril e parte em Setembro; inverna em África.

Publicado no jornal Quercus Ambiente nº 8, de Julho de 2004.

A rara cegonha-preta

Em Portugal ocorrem duas espécies de cegonhas: uma, a branca, é muito abundante, quase toda a gente a conhece e conta hoje com perto de 8000 casais nidificantes; a outra, a preta, é muito mais rara (cerca de 100 casais) e ocorre sobretudo em zonas remotas do interior do país, sendo uma ave pouco conhecida e difícil de observar.

A cegonha-preta distribui-se por uma grande parte do continente europeu, repartindo-se por dois núcleos principais: um no leste da Europa (com importantes populações na Polónia, na Bielorrússia, nos países bálticos e na Turquia), que conta com aproximadamente 7000 a 10000 casais e outro na Península Ibérica, que envolve cerca de 500 casais. Destes, há cerca de 100 casais que nidificam em Portugal, o que constitui apenas 1% da população europeia, mas adquire relevância no contexto ibérico, representando perto de 20%. Os restantes 400 casais nidificam em território espanhol, sendo que metade destes se encontra na Estremadura (províncias de Cáceres e Badajoz) e os restantes se distribuem pelas comunidades de Castela e Leão, Castela La Mancha, Madrid e Andaluzia. A população portuguesa encontra-se aparentemente estável, contudo, devido à sua reduzida dimensão, no Livro Vermelho dos Vertebrados de Portugal (ICN, 2005) atribuiu-se à cegonha-preta o estatuto de Vulnerável.

A situação em Portugal

Contrariamente à sua congénere branca, que é frequente em locais habitados e recorre frequentemente a suportes artificiais para implantar os seus ninhos, a cegonha-preta evita zonas muito humanizadas e só raramente é vista junto a povoações, preferindo vales pouco perturbados e de difícil acesso. Assim, não é de estranhar que a distribuição da cegonha-preta coincida com a metade menos habitada do território português, ou seja, o interior. Em termos populacionais, as zonas mais importantes para esta espécie são: a região de Trás-os-Montes, particularmente ao longo do Douro Internacional; as zonas fronteiriças da Beira Baixa, nos vales do Tejo Internacional e do seu afluente fronteiriço, o rio Erges; o Alto Alentejo, na região de Castelo de Vide e do vale do rio Sever; e, por fim, os vales do Guadiana e dos seus principais afluentes.

Em Portugal os ninhos de cegonha-preta são instalados sobretudo em escarpas de difícil acesso, particularmente no norte e no centro do país. Esta situação contrasta com o que acontece nos países do leste europeu, onde a espécie é quase exclusivamente florestal. No Alentejo há alguns ninhos em árvores, principalmente em sobreiros ou azinheiras. Nestes casos, os ninhos são construídos no interior da folhagem, de forma pouco visível (ao contrário dos ninhos de cegonha-branca, que são muitas vezes instalados no topo, sendo por isso detectáveis a grande distância).

A cegonha-preta é bastante sensível à perturbação, sendo este um factor que pode comprometer o sucesso reprodutor. As actividades mais susceptíveis de perturbar os locais de nidificação encontram-se ligadas ao recreio, ao turismo e ao desporto. Este problema faz-se sentir nos troços do Tejo e do Douro superiores, junto à fronteira, onde existem ninhos perto do espelho de água que são objecto de perturbação devido à navegação de embarcações; também na Serra da Estrela, os dois casais que aí existiam deixaram de nidificar desde há cerca de quatro anos, provavelmente devido ao progressivo aumento do número de visitantes. Há ainda a referir os factores de ameaça ligados à alteração do habitat, dos quais o mais impactante é a construção de barragens. Aliás, há poucos anos, aquando do enchimento da barragem de Alqueva, houve um ninho que acabou por ficar submerso pelas águas em plena época de reprodução. A barragem do Sabor, caso avance, irá afectar a nidificação dos casais de cegonha-preta que ainda existem ao longo daquele vale.

Onde observar a cegonha-preta

Como já se referiu, os ninhos de cegonha-preta são pouco conspícuos e, na maioria dos casos, pouco acessíveis. Por isso, esta espécie é mais frequentemente observada quando se encontra a voar nas imediações dos locais de cria do que quando se encontra no ninho. No caso do nordeste transmontano, a espécie é frequente na zona de Miranda do Douro e pode ser observada com facilidade nas imediações da cidade ou na barragem do Picote, por exemplo. Mais para sul, na zona raiana da Beira Baixa que se estende entre Monfortinho e a barragem de Cedilho a cegonha-preta também é de ocorrência regular. No Alentejo, destacam-se a região de Castelo de Vide e a margem esquerda do Guadiana, entre Moura e Barrancos.

Fora da época de nidificação e, em particular, durante a passagem migratória outonal, a cegonha-preta ocorre por vezes em locais onde não nidifica, nomeadamente no litoral. Existem diversas observações junto a zonas húmidas costeiras, como os estuários do Tejo e do Sado e a ria de Alvor. Contudo, em todos estes locais a sua presença é muito irregular e, de certo modo, imprevisível. É na península de Sagres, junto ao Cabo de São Vicente, que a sua ocorrência parece ser mais regular durante as migrações, geralmente entre princípios de Setembro e meados de Novembro. Com efeito, durante as seis campanhas de observação da migração outonal de aves planadoras, que tiveram lugar naquela zona entre 1990 e 2001, houve bastantes observações de cegonha-preta, confirmando que a espécie ocorre regularmente na área durante a passagem migratória pós-nupcial. A maioria das aves surgia isolada ou aos pares, mas chegaram a ser vistos bandos de até 10 aves juntas.

Ficha técnica

- **Nome vulgar**: Cegonha-preta
- **Nome científico**: *Ciconia nigra*
- **Dimensão**: 90-105 cm; envergadura 173-205 cm
- **Descrição**: plumagem quase totalmente preta, com excepção do ventre, que é branco; bico e patas vermelhas.
- **Espécies semelhantes**: a cegonha-branca tem uma estrutura semelhante mas além do ventre tem também o peito, o pescoço e as coberturas alares de cor branca.
- **Habitat**: ocorre sobretudo em vales recuados e pouco perturbados, de preferência com escarpas ou arribas; geralmente nidifica em saliências rochosas, embora também o possa fazer em árvores, principalmente no Alentejo.
- **Distribuição**: como nidificante distribui-se sobretudo pela metade interior do território, sendo as bacias do Douro, do Tejo e do Guadiana as zonas mais importantes para a sua nidificação; durante a passagem migratória outonal aparece regularmente na zona de Sagres.
- **Estatuto migratório**: principalmente estival, chega em Fevereiro ou Março e parte em Setembro, invernando em África; esporadicamente já foram observados alguns indivíduos em Portugal durante os meses de Inverno, geralmente nas imediações de zonas húmidas.

Publicado no jornal Quercus Ambiente n° 25, de Setembro e Outubro de 2007.

Em busca do bico-grossudo

Para a maior parte dos observadores de aves, o bico-grossudo é uma miragem que apenas existe sob a forma de ilustração nos guias de campo, mas que nunca se atravessou no seu caminho. Será que esta ave é um mito? Será que a sua observação está apenas ao alcance de observadores mais especializados?

Quando adquiri o meu primeiro guia de aves, não pude deixar de reparar no desenho dum passaroco que apresentava duas particularidades interessantes: o bico desproporcionalmente robusto e o patusco nome de bico-grossudo. Mal constatei que esta espécie ocorria em Portugal, a reacção quase imediata foi: "Tenho de ver isto!".

No entanto, alguns meses de observação bastaram para constatar que a espécie não é nada fácil de encontrar e muito menos de observar. Com efeito, para além de ser pouco comum, o bico-grossudo é uma ave tímida e discreta, sendo a sua conspicuidade ainda mais limitada devido à sua reduzida actividade vocal.

Deste modo, não é de estranhar que, para muitos observadores de aves, o bico-grossudo ainda não faça parte da lista de espécies vistas em liberdade. Aliás, não são poucos os observadores que se referem ao bico-grossudo com uma expressão de desalento, como que aceitando que nunca esta ave posará para os seus olhos.

Mas será que observar um bico-grossudo é um feito assim tão extraordinário? Será que uma observação desta ave pode ser considerada um golpe de sorte ou, pelo contrário, pode haver uma razoável expectativa de a encontrar?

Uma ave discreta

O bico-grossudo pertence à família dos Fringilídeos, da qual fazem também parte tentilhões, verdilhões e pintassilgos. Mede cerca de 16-17 cm do bico à cauda e pesa cerca de 50-60g, sendo por isso um dos maiores membros da sua família.

É uma ave essencialmente florestal, embora o seu habitat varie de região para região. Assim, no norte ocorre sobretudo em árvores frondosas como freixos, enquanto no sul pode ser visto em pinhais ou sobreirais.

Ao contrário da maioria dos passeriformes, o bico-grossudo não tem um canto audível. As suas vocalizações resumem-se a estalidos secos, que fazem lembrar o grito de alarme do pisco-de-peito-ruivo e poderão passar perfeitamente despercebidos ao observador pouco experiente que não esteja atento aos sons que ouve à sua volta ou que, simplesmente, não saiba a que espécie pertencem. Por outro lado, o bico-grossudo é uma ave tímida, que raramente se deixa ver bem. Quando perturbado refugia-se na copa das árvores, podendo aí permanecer imóvel durante longos minutos, tornando a sua detecção praticamente impossível. A tudo isto junta-se o facto de ser uma ave pouco comum e de, geralmente, ocorrer em densidades baixas.

Não é pois de estranhar que o bico-grossudo seja uma ave difícil de encontrar. Ao contrário de muitas outras espécies, que se atravessam no caminho do observador ou pousam em locais muito visíveis, sendo por isso facilmente detectáveis, o bico-grossudo é um verdadeiro mestre na arte de passar despercebido e a sua observação requer uma busca activa por parte do observador.

Como encontrar um bico-grossudo?

Apesar de todas as dificuldades referidas, a observação de um bico-grossudo está ao alcance de qualquer observador – basta um pouco de paciência e muita atenção às vocalizações; com efeito, a principal forma de detecção desta espécie é a via auditiva, o que desde logo exige experiência e atenção. Quando o observador ouve os "estalidos" que denunciam a presença da espécie, consegue muitas vezes localizar as aves. Em muitas ocasiões, a ave é observada em voo, podendo neste caso ser facilmente identificada com base na "janela" branca que apresenta na parte central das asas escuras.

Quando se consegue seguir a ave em voo e determinar o local onde pousa, então uma aproximação cautelosa permite, não raras vezes, observar o bico-grossudo pousado a uma distância bastante reduzida e, consequentemente, em pormenor.

Por vezes podem ser observados pequenos bandos, especialmente no final do Verão e no Inverno.

Como é evidente, as hipóteses de observação serão bastante maiores se a busca for efectuada nas zonas onde a espécie é mais abundante (ver ficha técnica). Por outro lado, considerando as dificuldades de detecção, a companhia de um observador mais experiente poderá ser de grande utilidade!

Cuidado com as bicadas!

Para um anilhador, existe uma outra forma de contacto com as aves selvagens: a captura em redes de anilhagem.

Durante as sessões de anilhagem que tenho efectuado ao longo dos anos, já por diversas vezes tenho sido presenteado com um bico-grossudo nas redes. Nestes casos, a reacção é um misto de regozijo, pela captura de tão interessante ave, e de "terror", pelo facto de ter de manipular uma ave que não hesita em usar o seu poderoso bico como arma de defesa. Assim, todo o cuidado é pouco para retirar o bico-grossudo da rede e proceder à sua anilhagem. Muitas vezes, a operação é levada a bom termo sem incidentes, mas já por mais de uma vez o poderoso bico-grossudo deixou marcas dolorosas da sua passagem, geralmente sob a forma de pequenos hematomas, resultantes de fortes bicadas que não hesita em infligir ao seu captor. Em suma: apesar da sua timidez, o bico-grossudo impõe respeito!

Ficha técnica

- **Nome vulgar**: Bico-grossudo
- **Nome científico**: *Coccothraustes coccothraustes*
- **Dimensão**: 17-18 cm
- **Habitat**: no norte ocorre em pequenas explorações agrícolas, pomares e bosques de árvores frondosas, como por exemplo zonas de lameiros com freixos, e ainda nas encostas rochosas com vegetação arbustiva de médio porte; nas bacias do Tejo e do Sado frequenta pinhais de pinheiro-manso, simples ou associados com sobro; ocorre ainda com alguma regularidade em matas ribeirinhas
- **Alimentação**: sobretudo sementes e rebentos; na Primavera também captura invertebrados, especialmente lagartas
- **Vocalizações**: consistem sobretudo em notas soltas e breves, emitidas a intervalos irregulares, como 'tk', 'zick', 'zi' ou 'jiis'.
- **Distribuição**: O bico-grossudo ocorre de norte a sul do país, apresentando uma distribuição fragmentada; esta é mal conhecida devido à escassez da espécie e aos seus hábitos discretos, havendo regiões onde o bico-grossudo é comum e outras onde está praticamente ausente. Entre as principais regiões de ocorrência são de referir o Douro Internacional, as bacias do Tejo e do Sado. Pode também ser encontrado no Tejo Internacional, bem como nos vales do Guadiana e de alguns dos seus afluentes.
- **Estatuto migratório**: sobretudo residente, embora possa realizar movimentos de pequena amplitude em função da disponibilidade de recursos alimentares

Publicado no jornal ABC Ambiente nº 25, de Janeiro de 2001.

A garça dos bois

Quem viaja regularmente pelo sul do país não pode deixar de reparar nos bandos de aves brancas que frequentemente acompanham os tractores e o gado bovino – são as garças-boieiras e pertencem à família dos ardeídeos. Esta espécie, que na Europa se distribui quase exclusivamente pela Península Ibérica, é a mais comum das nossas garças.

A garça-boieira é ave fácil de identificar, mercê da sua relativa abundância e do facto de ser vista muitas vezes à beira da estrada ou no meio do gado bovino (facto que explica o seu nome vernáculo). Também pode ser vista em associação com gado ovino e equino e mesmo com maquinaria agrícola de todo o tipo, desde tractores com arado até debulhadoras de arroz.

A dieta da garça-boieira é composta principalmente por invertebrados, como gafanhotos, aranhas e moluscos; contudo, no Alentejo esta garça é conhecida por carraceiro, o que leva a supor que nalgumas zonas também se alimente de carraças.

Mas afinal o que leva estas aves a associarem-se ao gado com tanta frequência? A resposta está no número de insectos que o gado atrai e também no facto de o terreno revolvido por máquinas e animais deixar a descoberto pequenos invertebrados que vivem no subsolo. Assim, as garças-boieiras aproximam-se, tentando tirar partido da disponibilidade alimentar provocada pela presença de animais ou máquinas. Por vezes as garças mantêm-se a uma distância tão pequena das máquinas, que custa a crer que não haja acidentes.

Até há alguns anos, as lixeiras a céu aberto eram também muito apreciadas por estas aves, que aí se dirigiam para procurar alimento e na década de 1990 foram levados a cabo, pelo então Instituto da Conservação da Natureza, alguns censos de aves em lixeiras. Actualmente, as lixeiras foram erradicadas, mas esporadicamente a espécie pode ser vista em aterros sanitários.

Colónias e dormitórios

Tal como a maioria dos outros membros da sua família, a garça-boieira é uma espécie colonial. As suas colónias, que podem compreender centenas ou mesmo milhares de casais, são geralmente estabelecidas em árvores, preferencialmente sobre a água, uma vez que isso proporciona protecção contra os predadores terrestres. No entanto, algumas colónias situam-se em árvores longe de água, por vezes junto a estradas, o que resulta numa elevada mortalidade das crias, que acabam por ser vítimas de atropelamento. No Algarve existem algumas colónias em ilhéus rochosos, principalmente na zona de Lagos. As colónias são geralmente ocupadas em finais de Março ou inícios de Abril e as crias voam durante o mês de Junho.

No Inverno a garça-boieira forma dormitórios que podem reunir muitas centenas de aves. Embora pontualmente estes dormitórios possam estar nas imediações das colónias, a maioria está situada noutros locais, muitas vezes junto a linhas de água, como por exemplo em canaviais, pequenas ilhas nos rios ou árvores. Ao fim do dia, um pouco antes do pôr-do-sol, é frequente ver bandos de garças a voar na mesma direcção: são as aves que se dirigem para os seus dormitórios.

Passado e presente

Durante a época de nidificação, a distribuição da garça-boieira coincide principalmente com a metade sul do país e as colónias desta espécie encontram-se, na sua grande maioria, a sul do Tejo. Conhecem-se apenas algumas colónias um pouco a norte deste rio, nomeadamente no Ribatejo (zona da Golegã) e no distrito de Castelo Branco.

Mas nem sempre foi assim: há cerca de 30 anos a garça-boieira nidificava na região de Aveiro. Aliás, esse facto está na origem da criação da Reserva Natural das Dunas de S. Jacinto. Esta foi criada pelo Decreto-Lei nº 41/79 de 6 de Março, sendo um dos seus objectivos o de *"conservação do património faunístico, onde se destaca a colónia de garças mais setentrional do país"*. Ironicamente, no ano de criação da reserva, a colónia desapareceu e nunca mais se estabeleceu na zona. A Reserva é hoje mais conhecida pela sua "pateira", que é, na verdade, um lago artificial que aqui foi instalado posteriormente.

Não sendo verdadeiramente uma espécie migradora, a garça-boieira apresenta alguma tendência para realizar movimentos dispersivos após a época de nidificação, movimentos esses que podem atingir amplitudes consideráveis. A realização de actividades de anilhagem permitiu descobrir que existem movimentos de grande amplitude entre Portugal e Espanha, não sendo assim de estranhar que, no Inverno, a espécie apresente uma distribuição bastante mais ampla e apareça com alguma regularidade no norte do país (Minho, Trás-os-Montes, Região do Porto). Existem também diversos registos da sua ocorrência nos Açores e na Madeira, mas não se sabe se as aves que aí ocorrem são oriundas de Portugal Continental ou provêm de outras regiões (Espanha, França, Norte de África).

A distribuição da garça-boieira na Europa sofreu uma grande expansão ao longo dos últimos 80 anos. Com efeito, no século XIX a sua distribuição europeia encontrava-se restrita à Andaluzia. A nidificação em Portugal terá ocorrido a partir de 1930 (embora se suspeite que tenha havido uma regressão relativamente a séculos anteriores). Actualmente, a Península Ibérica alberga 50 mil a 100 mil casais, o que representa mais de 90% da população europeia desta espécie; existem também alguns milhares de casais em França e algumas centenas em Itália (Sardenha). No entanto, a população europeia é pouco importante à escala mundial: a espécie distribui-se também por África e pelo sul da Ásia e, ao longo do século XX a sua tendência dispersiva levou-a a colonizar a América do Sul e, posteriormente, a América do Norte (começando pela Florida). No outro lado do mundo, a colonização chegou também à Austrália e a espécie até já foi observada na Antárctida.

Ficha técnica

- **Nome vulgar**: Garça-boieira
- **Outros nomes vulgares**: Carraceiro
- **Nome científico**: *Bubulcus ibis*
- **Dimensão**: 45-52 cm
- **Descrição**: durante o Inverno a plumagem é branca, o bico é amarelo e as patas são pretas; na época de nidificação a plumagem adquire tons alaranjados na cabeça e no dorso, enquanto o bico e as patas também ficam desta cor.
- **Espécies semelhantes**: a garça-branca-pequena, que muitas vezes nidifica em conjunto com a garça-boieira, tem a plumagem totalmente branca (sem nuances alaranjadas), o bico mais comprido e as patas pretas com os dedos amarelos.
- **Habitat**: frequenta principalmente zonas agrícolas abertas, apreciando a proximidade de gado ou de maquinaria agrícola em movimento; ocasionalmente também ocorre em meio urbano, tendo já sido vista no Parque de Serralves (Porto) ou nos baldios ao longo da Segunda Circular (Lisboa).
- **Distribuição**: durante a época de nidificação ocorre principalmente a sul do Tejo, onde se situa a maioria das suas colónias; no Outono e no Inverno também ocorre na metade norte do país, havendo registos no Porto, no Minho e em Trás-os-Montes.
- **Estatuto migratório**: residente e dispersiva; embora em muitos locais do sul do país a espécie possa ser vista durante todo o ano, existem numerosos registos de aves anilhadas em Portugal e recuperadas em Espanha e vice-versa.

Publicado no jornal Quercus Ambiente n° 27, de Janeiro e Fevereiro de 2008.

O trigueiro cantor das searas

A partir do princípio de Março, o canto monótono do trigueirão ecoa por todo o Alentejo. Tal como acontece com a chegada das andorinhas, este é um sinal de que a Primavera está à porta.

Há vinte anos, mais precisamente em Março de 1988, fui de comboio com um amigo ate à estação da Torre da Gadanha, perto de Montemor-o-Novo, com o objectivo de observar aves. Eu tinha então pouca experiência de identificação, o meu amigo tinha ainda menos e não havia ali ninguém para nos ensinar. Apesar disso, munidos de um binóculo e de um guia de identificação, seguimos a pé pelo antigo ramal ferroviário de Montemor, que já se encontrava desactivado, em busca da passarada.

Algumas centenas de metros à frente, ouvi um som que me prendeu a atenção: era uma sequência de notas soltas, que começava devagar e terminava depressa: "ta... ta... ta... tata... tatatatatatatatrrrrrrrrrrrrr". Esta sequência era repetida vezes sem conta. Rapidamente descobrimos que o som era emitido por uma ave que se encontrava pousada no cimo de uma árvore, a poucas dezenas de metros dali. Mas não menos rapidamente reparámos que a ave parecia absolutamente incaracterística: castanha por cima e castanha por baixo. Nem uma só marca mais garrida que permitisse distingui-la facilmente das dezenas de aves castanhas que constavam do nosso guia de campo, parecendo por isso impossível de identificar.

Porém, como a ave continuasse alegremente a cantar no mesmo sítio, continuámos a olhar para ela e uma observação mais atenta permitiu detectar as riscas no peito, o bico grosso e as patas rosadas, o que tornou possível excluir diversas outras espécies, porque não tinham riscas ou não tinham o bico grosso. Por fim concluímos que havia apenas uma ave no guia que se assemelhava mais ao animal que tínhamos pela frente: o trigueirão.

Como a ave não se calava, ocorreu-me que o canto poderia ajudar a confirmar a identificação. Fui consultar o texto do guia. A descrição era esta: "repetição acelerada, terminando num trinado prolongado «tsic-sic-sic-sic-sicsicsic-prrsssss»".

"Perfeito, pensei, é mesmo isto". Estava confirmada a identificação.

Esta observação de trigueirão deu-me particular satisfação, não só por ter conseguido identificar a espécie, mas sobretudo por ter conseguido fazê-lo graças ao canto. Ainda hoje, sempre que ouço um trigueirão, me lembro deste episódio.

Situação em Portugal

O trigueirão é uma ave comum em Portugal e que se distribui de norte a sul do país. Frequenta principalmente zonas agrícolas com poucas ou nenhumas árvores, como sejam searas, pousios, pastagens ou montados de sobro e azinho muito abertos. É especialmente abundante no Alentejo, mas a sua área de distribuição estende-se de Trás-os-Montes ao Algarve.

No Alentejo ocorre nas searas, pastagens e também em montados pouco densos ou com clareiras. Em Trás-os-Montes frequenta paisagens em mosaico, com sebes. No Algarve ocorre em todos os tipos de zonas agrícolas.

De um modo geral evita zonas muito florestadas ou densamente povoadas, sendo por isso consideravelmente mais escasso no litoral norte e centro, bem como em toda a cintura urbana de Lisboa. Não ocorre nas regiões autónomas da Madeira e dos Açores.

É na Primavera que a abundância do trigueirão se torna evidente: os machos escolhem um ponto alto e a partir daí repetem o seu monótono canto. Este ponto alto pode ser: uma cerca, um poste telefónico, um arbusto ou uma árvore. O ninho é construído no chão, no meio da erva.

O trigueirão é uma ave territorial, ou seja, cada macho defende o seu território dos machos concorrentes. No entanto, estes territórios podem ser relativamente pequenos e assim, nas zonas onde a espécie é mais comum, é habitual ouvir-se 2 ou 3 machos respondendo uns aos outros. Ao contrário de outras espécies, que se fazem ouvir sobretudo de manhã cedo, o trigueirão canta durante todo o dia. Tem dialectos individuais e alguns estudos, feitos na região de Castro Verde, evidenciam essas variações.

No Inverno, os trigueirões quase não cantam, não pousam em pontos altos e apenas emitem um "tic tic", pelo que a sua identificação é menos fácil. Nesta época, a espécie junta-se em bandos, que patrulham os campos em busca de alimento, por vezes misturando-se com cotovias. Ocasionalmente, a partir do final do Outono, o canto pode ser ouvido, mas não em postura territorial.

Conservação

Apesar de ser uma espécie abundante, o trigueirão encontra-se em declínio por quase toda a Europa, tal como sucede, aliás, com outras espécies de aves de habitats agrícolas. Segundo a Birdlife International, a população europeia encontra-se estimada em 8 a 22 milhões de casais, dos quais metade se encontra na Turquia e na Espanha. Outros países com importantes populações de trigueirões são a França, a Roménia, a Bulgária e, claro, Portugal (no nosso país as estimativas mais recentes apontam para a existência de 100 mil a 1 milhão de casais).

A nível europeu a população de trigueirões manteve-se estável entre 1970 e 1990, mas posteriormente entrou em declínio na maior parte dos países europeus, tendo-se mesmo extinguido na Irlanda. Esta tendência regressiva levou a que o trigueirão fosse incluído na lista de espécies ameaçadas da Europa.

A situação em Portugal, tal como para outros passeriformes, é desconhecida, uma vez que praticamente não há dados quantitativos recolhidos de forma sistemática. A espécie continua a ser bastante comum em diversas regiões, nomeadamente no Alentejo, mas tal não significa que não tenha havido uma diminuição. A nível local, por exemplo, constatou-se o seu desaparecimento da cidade de Lisboa, onde ainda ocorria em 1989, numa zona perto da Ajuda, hoje ocupada por um complexo universitário. Neste caso o motivo para o desaparecimento do trigueirão foi a destruição do seu habitat.

Ficha técnica

- **Nome vulgar**: Trigueirão
- **Outros nomes vulgares**: Beja, Milheirão, Passarinho-trigueiro, Trinta-raízes
- **Nome científico**: *Emberiza calandra* (também denominado *Miliaria calandra* por alguns autores)
- **Dimensão**: 16 a 19 cm
- **Descrição**: castanho por cima e por baixo; peito com riscas verticais; patas rosadas; bico grosso.
- **Espécies semelhantes**: superficialmente parecido com um grande número de espécies castanhas. Distingue-se das petinhas pelo bico grosso, dos pardais pelo peito riscado, das cotovias pela ausência de poupa e de branco na cauda.
- **Habitat**: sobretudo zonas agrícolas abertas, sem árvores ou com árvores esparsas; pode ocorrer em paisagens de mosaico agrícola.
- **Distribuição**: ocorre um pouco por todo o país, sendo particularmente abundante no Alentejo, onde encontra as maiores disponibilidades de habitat.
- **Estatuto migratório**: principalmente residente

Publicado no jornal Quercus Ambiente nº 28, de Março e Abril de 2008.

A coruja-das-torres

O grito rouco da coruja-das-torres é muitas vezes o primeiro sinal da sua presença. Nos dias de hoje, com a presença de iluminação artificial, não é difícil observar esta coruja, mas a situação deverá ter sido bem diferente no passado, quando um grito no escuro da noite era susceptível de assustar os mais temerosos.

A coruja-das-torres é uma ave de distribuição cosmopolita, sendo a única espécie de rapina nocturna que está presente nos cinco continentes. A sua área de distribuição é vastíssima e vai desde o Canadá à Terra do Fogo (Chile), desde a Escandinávia à África do Sul e desde a Índia à Austrália. No total são consideradas vinte e oito subespécies, muitas das quais endémicas de ilhas ou conjuntos de ilhas, como as Galápagos, a ilha de Bioko, o arquipélago de Cabo Verde e a ilha de São Tomé, entre muitas outras. Em Portugal esta coruja está representada por duas subespécies: *Tyto alba alba* no continente e *Tyto alba schmitzi* na Madeira e no Porto Santo.

No nosso país, a coruja-das-torres surge estreitamente associada à presença humana, sendo frequente em aldeias, vilas e até cidades. Entre os locais que aprecia contam-se os campanários, os velhos celeiros e até as estações de caminho-de-ferro ou os edifícios arruinados nas imediações destas. Estes edifícios são usados como local de repouso e também de nidificação.

Apesar da sua distribuição ampla, a visão desta coruja é pouco familiar para quem habita nas cidades, onde o contacto com a avifauna é muitas vezes reduzido. No entanto, os habitantes das zonas rurais conhecem bem esta espécie, não sendo raros os nomes vernáculos que lhe estão associados (um dos mais originais é o de "coruja-azeiteira", que é utilizado no Alentejo).

Caçadora de ratos

A dieta da coruja-das-torres encontra-se mais bem estudada que a de qualquer outra ave de rapina. Os pequenos roedores, nomeadamente ratos e ratazanas, constituem cerca de 90% da sua dieta, mas esta coruja também pode alimentar-se de passeriformes, particularmente dos que formam dormitórios, como pardais, estorninhos e fringilídeos. Ocasionalmente captura répteis e anfíbios. Para se alimentar, esta coruja frequenta principalmente terrenos agrícolas, de preferência com locais elevados que possam ser usados para praticar a caça à espera, tais como vedações, postes telefónicos, árvores isoladas ou até *pivots* de rega.

Um aspecto curioso e pouco conhecido acerca desta espécie é o facto de ser sobretudo a audição, e não tanto a visão, a ser utilizada para localizar a presa. Isto é possível graças à assimetria existente entre os dois ouvidos, que permite à coruja determinar, com grande precisão, a localização de uma presa. Este facto já foi comprovado mediante testes feitos em zonas de escuridão absoluta, onde a utilização da visão não era de todo possível.

Vítima ou factor de ameaça?

Tal como todas as aves de rapina, também as corujas-das-torres têm sido vítimas da acção humana. Desde tempos imemoriais que as corujas são associadas a lendas e superstições, as quais, apesar de não terem qualquer fundamento, serviram de pretexto a perseguições e abates, que nalguns locais afectaram negativamente as populações de corujas. Outro problema, que atingiu sérias proporções nas décadas de 1950 e 1960, foi o uso de pesticidas, a que se seguiu o uso de raticidas nos anos 70 e 80. A utilização destes produtos teve um impacto negativo nas populações de corujas-das-torres em muitos países europeus. Actualmente, este problema é menos importante, mas as modernas vias de comunicação e a crescente da mobilidade que caracteriza as sociedades modernas deram origem a um novo factor de ameaça: a intensidade do tráfego automóvel, que provoca frequentes atropelamentos, visíveis nos cadáveres que se encontram ao longo das estradas, por exemplo no Ribatejo. Isto acontece devido ao hábito que esta coruja tem de pousar em postes telefónicos e de vedações ao longo da estradas, sendo atingida pelos veículos quando decide voar a baixa altura sobre a estrada.

Por outro lado, a sua fama de exímia caçadora de pequenos roedores levou a que, em certos países europeus, alguns agricultores apreciassem a sua presença, criando condições favoráveis à sua nidificação em celeiros. A espécie chegou mesmo a ser introduzida nalgumas ilhas, nomeadamente nas Seychelles (no oceano Índico) e na ilha de Lord Howe (no oceano Pacífico a leste da Austrália), com o intuito de servir de meio de controlo biológico. Infelizmente o efeito não foi o desejado, pois não só as populações de ratazanas não foram controladas, como ainda se registou um efeito negativo nas populações de aves autóctones, particularmente nas de aves marinhas.

Onde observar a coruja-das-torres

Em Portugal, esta coruja distribui-se de norte a sul do país sendo relativamente mais abundante a sul do Tejo. Pode ser vista essencialmente em dois tipos de habitats: as zonas habitadas e os terrenos agrícolas com poucas ou nenhumas árvores.

No que diz respeito às zonas habitadas, tanto ocorre em grandes cidades como em pequenas aldeias, mas é nestas últimas que a sua observação se torna mais fácil, uma vez que o ruído ambiente é menor. Alguns dos locais preferidos por esta espécie são: os campanários das igrejas, os velhos celeiros, as casas arruinadas ou as estações de caminho-de-ferro abandonadas. A maioria das aldeias do Alentejo tem o seu casal de coruja-das-torres.

Quanto aos terrenos agrícolas, tanto podem ser de sequeiro como de regadio, sendo importante que existam pousos a alguns metros do solo, que possam servir para praticar "caça à espera". As lezírias do baixo Tejo, onde existem abundantes pousos, são um dos melhores locais do continente para observar esta espécie.

Ficha técnica

- **Nome vulgar**: Coruja-das-torres
- **Outros nomes vernáculos**: Bebe-azeite, Coruja-alvadia, Coruja-azeiteira, Coruja-branca
- **Nome científico**: *Tyto alba*
- **Dimensão**: 33-39 cm; envergadura 80-95 cm.
- **Descrição**: plumagem branca e creme; quando está pousada, destaca-se a face branca em forma de coração, no meio da qual se vêem os dois olhos negros; as partes superiores são castanhas e acinzentadas; as asas são longas e quando é vista em voo, à noite, parece totalmente branca por baixo.
- **Espécies semelhantes**: a coruja-do-mato é do mesmo tamanho, mas é bastante mais escura, não tendo por isso o aspecto "fantasmagórico" da coruja-das-torres.
- **Habitat**: frequenta principalmente terrenos agrícolas, mas quase sempre nas imediações de zonas habitadas; durante o dia abriga-se em celeiros, campanários ou edifícios arruinados.
- **Distribuição**: distribui-se de norte a sul do país, estando contudo ausente de zonas montanhosas; parece ser mais abundante no Alentejo e no Ribatejo do que no resto da sua área de distribuição.
- **Estatuto migratório**: Principalmente residente, pode ser observada em Portugal durante todo o ano; após a época de nidificação assiste-se a alguma dispersão, o que faz com que esta espécie se torne localmente muito numerosa, como por exemplo na lezíria ribatejana, junto ao estuário do Tejo.

Publicado no jornal Quercus Ambiente nº 31, de Setembro e Outubro de 2008.

Observação de noitibós

Os noitibós são aves fascinantes, mas pouco conhecidas, devido aos seus hábitos nocturnos. Se nunca observou um noitibó e tem curiosidade de ver um, então saiba que estas aves não são raras em Portugal e que os meses de Maio e Junho são os mais favoráveis para as procurar. Saiba também que o canto crepuscular dos noitibós é a forma mais fácil de os detectar.

Quando se fala de aves nocturnas, somos facilmente levados a pensar em mochos, corujas e bufos, que são, por excelência, os senhores da noite. Poucos serão, contudo, aqueles que sabem que ocorre em Portugal um outro grupo de aves que também vivem quase exclusivamente de noite: os noitibós.

Mas afinal o que é um noitibó? À primeira vista, este nome afigura-se tão arrevesado, que não existe qualquer associação imediata com as aves que já nos habituámos a ver em liberdade, na literatura ou em documentários. E desde logo outras questões se levantam sobre o noitibó: a que se assemelha? onde pode ser encontrado? é grande? é perigoso?

Tranquilize-se desde já o leitor: apesar do seu nome algo estranho e do mistério que envolve os seus hábitos nocturnos, os noitibós são aves totalmente inofensivas para o Homem. Neste artigo dão-se a conhecer alguns aspectos sobre a vida destas curiosas aves.

Adaptações à vida nocturna

Os noitibós pertencem à ordem dos Caprimulgiformes, que compreende 118 espécies, distribuídas por todo o mundo. Estas aves de média dimensão possuem um bico pequeno, de aspecto frágil, contudo a sua boca é enorme; os olhos também são grandes e as asas, bastante largas e pontiagudas, conferem-lhes grande agilidade no ar. Estas características são vantajosas para uma estratégia de alimentação aérea e nocturna. A plumagem é

199

macia e matizada (geralmente à base de tons de castanho, cinzento e bege, podendo apresentar manchas brancas ou pretas) e apresenta um padrão complexo, que se insere geralmente nos tons do habitat que estas aves frequentam, assegurando-lhes assim a camuflagem de que necessitam durante o dia, quando estão em repouso ou no ninho.

O seu habitat é composto por terrenos semi-abertos com árvores ou arbustos, por exemplo bosquetes pouco densos, matas com clareiras ou orlas de florestas; não é raro encontrar noitibós nas imediações de zonas com água, onde vão regularmente beber. Evitam, contudo, as zonas muito humanizadas, bem como as florestas muito densas.

Nocturnos ou crepusculares?

Os noitibós são espécies de hábitos secretivos, sendo por isso difíceis de observar e, consequentemente, um dos grupos de aves mais mal conhecidos. A sua actividade é mais intensa ao crepúsculo e ao final da noite, sendo estes os períodos em que podem mais frequentemente ser ouvidos a cantar ou vistos a caçar. Durante a noite têm períodos de inactividade, repousando no solo; podem mesmo ser encontrados com alguma regularidade pousados nas estradas (sendo por isso vítimas frequentes de atropelamentos).

Durante o dia os noitibós passam a maior parte do seu tempo em repouso, normalmente sobre folhagem morta, areia, rochas ou então directamente sobre o solo nu; por vezes também recorrem a raízes ou ramos de árvores para repousar. Qualquer que seja o local escolhido, procuram tirar partido da sua plumagem críptica para passarem despercebidos e assegurarem que podem detectar imediatamente a aproximação de qualquer perigo.

A alimentação dos noitibós é composta maioritariamente por insectos voadores de hábitos nocturnos, incluindo diversos insectos nocivos ao Homem; a dimensão das presas é muito variável e da sua dieta fazem mosquitos, moscas, besouros, mariposas, gafanhotos e libelinhas.

Aspecto semelhante, voz diferente

Em Portugal ocorrem regularmente duas espécies de noitibós: o noitibó-da-europa e o noitibó-de-nuca-vermelha. Ambas as espécies são migradoras e ocorrem no nosso país entre finais de Abril e Setembro. O noitibó-de-nuca-vermelha é um pouco maior que o noitibó da Europa, mas a sua plumagem é muito parecida e, como as aves das duas espécies raramente são observadas em conjunto, a identificação baseada unicamente no tamanho requer muita experiência. Felizmente, é possível recorrer a outros critérios auxiliares de identificação: a distribuição geográfica e as vocalizações.

Em termos de distribuição geográfica, verifica-se que o Noitibó da Europa ocorre predominantemente nas zonas de influência atlântica, sendo por isso comum no norte do país e raro no sul; o Noitibó-de-nuca-vermelha, de distribuição mais mediterrânica, é bastante comum no Algarve e no Alentejo, tornando-se mais escasso para norte do Tejo; assim, é sobretudo na zona centro e, em menor grau, nalgumas zonas do interior norte e do litoral sul que podem ser encontradas as duas espécies e que o risco de confusão é maior.

Quanto às vocalizações, pode dizer-se que o canto crepuscular dos noitibós, constitui, sem dúvida, o melhor critério de identificação, já que os cantos das duas espécies que ocorrem em Portugal é totalmente diferente (ver ficha técnica). Aliás, o canto constitui a principal forma de contacto com os noitibós na natureza e pode ser ouvido com mais frequência nos primeiros dois meses após a sua chegada (ou seja, em Maio e Junho). A ocasião ideal para procurar ouvir o canto dos noitibós é ao cair da noite ou ao raiar da aurora e, para os mais românticos, em noites de lua cheia.

Ficha técnica

- **Nome vulgar**: Noitibó da Europa
- **Nome científico**: *Caprimulgus europaeus*
- **Dimensões**: comprimento 26-28cm, envergadura 57-64cm
- **Habitat**: orlas de bosques e zonas abertas adjacentes; dunas, na proximidade de zonas húmidas; várzeas e vales húmidos
- **Alimentação**: insectos, sobretudo mariposas e besouros
- **Vocalizações**: o canto dos machos é um ronronar grave e sonoro, "errrrrrrrrr... errrrrrrr..." que pode durar vários minutos e pode ser confundido com um canto de um insecto
- **Distribuição**: Nidifica na maior parte da Europa; em Portugal Continental distribui-se sobretudo a norte do Tejo, ocorrendo pontualmente no litoral a sul deste rio
- **Estatuto migratório**: estival nidificante, chega em finais de Abril e parte em Setembro ou Outubro; inverna na África central e meridional

Ficha técnica

- **Nome vulgar**: Noitibó-de-nuca-vermelha
- **Nome científico**: *Caprimulgus ruficollis*
- **Dimensões**: comprimento 30-32cm, envergadura 65-68cm
- **Habitat**: Mistos de bosque (por exemplo, montado) e zonas abertas; zonas de mato; por vezes nas imediações de zonas húmidas, como rios, açudes, arrozais e caniçais
- **Alimentação**: insectos (mariposas, gafanhotos, besouros, moscas)
- **Vocalizações**: o canto dos machos é composto por duas notas repetidas incessantemente e que fazem lembrar um batuque de madeira "ku-tuck-ku-tuck-ku-tuck..."; devido a este som, a espécie é conhecida nalgumas regiões por "cá-vai" ou "cavaco".
- **Distribuição**: É uma espécie de distribuição mediterrânica, que nidifica na Península Ibérica e no Norte de África; em Portugal ocorre principalmente a sul do Tejo e, em menor número, na Beira Interior e na terra quente transmontana
- **Estatuto migratório**: estival nidificante, pode ser observado em Portugal de finais de Abril até Setembro; inverna na África ocidental

Publicado no jornal ABC Ambiente n° 27, de Março e Abril de 2001.

O flamingo-rosado

O flamingo é uma das espécies mais emblemáticas da nossa fauna. A sua plumagem rosada, em conjunto com o seu porte elegante, torna esta ave muito atractiva e inconfundível.

Apesar do seu aspecto exótico, o flamingo não é uma ave de origem alóctone.

A sua área de distribuição abrange o sul da Europa, a Ásia ocidental e a maior parte de África. Contudo, a espécie apenas se reproduz num número muito reduzido de locais, fazendo-o colonialmente. A nidificação não ocorre todos os anos, dependendo, entre outros factores, dos níveis de água, que podem ser favoráveis ou não.

O tom dominante da plumagem dos flamingos é o cor-de-rosa, sendo este tom particularmente intenso nas coberturas das asas, que apenas são visíveis em voo. Assim, é quando as aves levantam voo que a sua observação se torna mais impressionante. Alguns estudos realizados sobre a alimentação dos flamingos revelaram que a cor da plumagem está relacionada com a alimentação. Em particular, o tom rosado advém da ingestão e da metabolização de pigmentos carotenóides. Já os juvenis são acinzentados, sem nuances de rosado – estas surgem à medida que as aves passam para o estado adulto.

O flamingo é uma ave fortemente ligada ao meio aquático e por isso ocorre invariavelmente em zonas húmidas. Os habitats mais apreciados são os estuários, as salinas, as lagoas costeiras, os arrozais encharcados e também as aquaculturas. As aves alimentam-se geralmente em zonas de águas pouco profundas ou de lodos expostos, mas no caso das aquaculturas, quando a água é mais profunda, os flamingos podem, por vezes, ser vistos a nadar. Sendo uma ave gregária, o flamingo raramente surge isolado – pelo contrário, a espécie surge geralmente em bandos de várias dezenas ou mesmo centenas de aves. No estuário do Tejo, um dos locais do país onde surgem as maiores concentrações de flamingos, os bandos de flamingos formam por vezes uma linha cor-de-rosa à distância, sendo esta hoje uma visão frequente na zona de Alcochete e noutros pontos em redor do estuário.

De raro a muito comum

A aparente abundância do flamingo em Portugal é um fenómeno relativamente recente. Com efeito, e embora na primeira metade do século XX o flamingo tenha sido, ao que parece, bastante comum em certas zonas do país, a informação disponível indicia que, na década de 1970, o flamingo era considerado muito raro ou mesmo excepcional em Portugal. Foi em meados da década de 1980 que começaram a surgir os primeiros bandos de dimensão assinalável (algumas centenas) no estuário do Tejo. Em 1988, os flamingos já podiam ser vistos com regularidade ao longo de quase todo o ano, mas notava-se ainda um aumentos dos efectivos na Primavera (Maio) e no Outono (Outubro). Nos anos que se seguiram começaram a ser vistos bandos de flamingos no estuário do Sado e, progressivamente, noutras zonas húmidas do litoral sul, mas só a partir do virar do século é que a sua presença passou a ser regular na Beira Litoral. Hoje em dia, a espécie é uma presença regular na maioria das zonas húmidas costeiras a sul do Douro e pode ser vista às portas de Lisboa, na zona do chamado Parque do Tejo (no extremo norte do Parque das Nações).

O flamingo pode actualmente ser observado em Portugal ao longo de todo o ano, mas até hoje a espécie nunca se estabeleceu como nidificante no nosso país[14]. As colónias mais próximas situam-se no sul de Espanha e de França. No caso de Espanha, existe um importante núcleo nidificante na Laguna de Fuente de Piedra (província de Málaga) e um outro em Doñana (província de Huelva), enquanto em França a espécie nidifica na zona da Camargue.

---

[14] São conhecidas duas tentativas isoladas de nidificação, ambas no Algarve.

O padrão migratório desta espécie é complexo e não é bem conhecido, mas sabe-se que uma grande parte dos indivíduos que são vistos no nosso país provém destas colónias, havendo numerosos casos de observações em Portugal envolvendo indivíduos que foram anilhados nesses locais.

Onde observar o flamingo

Actualmente esta ave rosada pode ser vista na maior parte das zonas húmidas costeiras a sul do rio Douro. Seguindo a costa de norte para sul, os locais onde a espécie é observada com mais regularidade são os seguintes:

- *ria de Aveiro – é frequente encontrar bandos nas salinas a pouca distância da cidade*

- *estuário do Mondego – bandos de flamingos podem ser vistos a pequena distância nas salinas da ilha da Morraceira*

- *lagoa de Óbidos – menos numeroso que nos locais anteriores, o flamingo pode ser visto junto à foz do rio Real e no braço da Barrosa*

- *estuário do Tejo – reúne as maiores concentrações de flamingos em Portugal, que amiúde ultrapassam as 2000 aves.*

- *estuário do Sado – a par do estuário do Tejo, é um dos locais onde as concentrações ultrapassam frequentemente o milhar de indivíduos*

- *lagoa de Santo André – observam-se pequenos bandos com alguma regularidade*

- *ria de Alvor – geralmente presente em números reduzidos, mas por vezes juntam-se aqui várias centenas de flamingos*

- *estuário do Arade – é um dos locais mais mal documentados, mas sabe-se que os flamingos ocorrem com alguma regularidade neste local*

- *lagoa dos Salgados – situada perto de Armação de Pêra, é frequentada por pequenos bandos em diferentes épocas do ano*

- *ria Formosa – a zona do Ludo, perto do aeroporto de Faro, é um bom local para observar esta espécie*

- *reserva de Castro Marim – reúne concentrações importantes durante todo o ano, sendo de assinalar a proximidade deste local à vizinha colónia situada nas marismas do Guadalquivir (coto de Doñana).*

No interior do território, o flamingo é menos frequente mas por vezes observam-se bandos na lagoa dos Patos (Alvito) ou em açudes perto de Montemor-o-Novo.

Ficha técnica

- **Nome vulgar**: Flamingo
- **Nome científico**: *Phoenicopterus roseus*
- **Dimensão**: 120-145 cm; envergadura 140-170 cm
- **Descrição**: caracteriza-se pela plumagem rosada; o pescoço é muito longo e as patas também longas; o bico é espesso e anguloso.
- **Espécies semelhantes**: inconfundível; as outras espécies de flamingos não ocorrem habitualmente na Europa.
- **Habitat**: principalmente estuários, lagoas costeiras e salinas; ocasionalmente açudes no interior do território.
- **Distribuição**: os estuários do Tejo e do Sado e a reserva de Castro Marim reúnem habitualmente muitas centenas de flamingos; outros locais onde a espécie ocorre regularmente, em números variáveis, incluem a ria de Aveiro, o estuário do Mondego, a lagoa de Óbidos, a ria de Alvor e a ria Formosa.
- **Estatuto migratório**: errático e dispersivo; a espécie pode ser vista em Portugal em todos os meses do ano, sabendo-se que aqui ocorrem indivíduos provenientes das colónias espanholas e francesas, mas o padrão de migração desta espécie não se encontra totalmente esclarecido.

Publicado no jornal Quercus Ambiente nº 32, de Novembro e Dezembro de 2008.

À descoberta do cartaxo

Para quem se inicia na observação de aves, o cartaxo é, muitas vezes, uma das primeiras espécies a serem identificadas. Para isso contribui a sua abundância, a sua distribuição ampla e o facto de ser uma ave que se deixa observar facilmente. Contudo, apesar de ser muito comum, o cartaxo não é tão conhecido como se poderá pensar. A maioria dos observadores não conhece o seu canto e poucos são os que sabem que a espécie se reproduz em pleno Inverno.

O cartaxo é uma das aves mais comuns e mais fáceis de observar em Portugal Continental e por isso quase todos os observadores de aves já viram um. No entanto, esta pequena ave não parece ser das mais apreciadas pelos ornitólogos. Talvez por ser uma espécie abundante e que não requer qualquer esforço de procura, uma vez que é geralmente fácil de localizar e de observar, acaba por se tornar uma ave pouco interessante e pouco mencionada pelos observadores, a não ser quando dizem "olha ali um cartaxo".

Este pequeno turdídeo (assim chamado porque pertence à família dos tordos) é particularmente conspícuo devido ao seu hábito de pousar em sítios elevados: postes, fios eléctricos, vedações, copas de árvores e arbustos e até sinais de trânsito. Pode ficar pousado no mesmo local durante longos minutos, tornando a sua observação bastante fácil mas também algo monótona, pois a ave pode passar muito tempo sem fazer qualquer movimento.

O cartaxo é geralmente uma ave solitária, embora no final do Inverno e na Primavera possa ser visto aos pares. Quando isto acontece, os dois elementos do casal adoptam quase sempre uma atitude de grande "cerimónia". Na prática isto significa que o macho e a fêmea pousam frequentemente próximos um do outro, mas guardando uma distância de alguns metros entre si, seja no mesmo fio, seja em arbustos próximos. Só no final da época de cria (Abril a Junho, mais raramente em Março) é que podem ser observados pequenos grupos familiares, havendo então maior proximidade entre os vários indivíduos.

À semelhança dos outros membros da sua família, o cartaxo é uma ave insectívora, sendo a sua dieta composta principalmente por coleópteros e formigas. Pratica muitas vezes a caça à espera, pousando num ponto alto, a partir de onde identifica as suas presas. Durante a época de nidificação, é frequente observar adultos de cartaxo pousados em fios eléctricos com um insecto no bico; nestes casos, a presa destina-se à fêmea ou às crias que deverão estar no ninho, a poucos metros dali.

Um reprodutor de Inverno

Tal como quase todos os passeriformes, o cartaxo é uma ave canora. Muitos observadores já ouviram o som mais vulgarmente emitido pelo cartaxo, um "trec-trec" que se faz ouvir quando a ave está pousada num ponto alto. No entanto, este som é apenas o chamamento e não o canto nupcial propriamente dito. O canto do cartaxo, que apenas é emitido pelo macho, não é muito conhecido e passa despercebido à da maioria dos ornitólogos. Trata-se de uma sequência de notas assobiadas, com a duração de um ou dois segundos, que faz lembrar o chamamento da cotovia-de-poupa e pode ser ouvido a partir de Janeiro e, com mais frequência, desde Fevereiro até Maio ou princípios de Junho.

Uma das particularidades mais interessantes acerca do cartaxo é o facto de a espécie ter um calendário de reprodução extremamente precoce. Assim, em Janeiro os machos de cartaxo já podem ser ouvidos a cantar e muitas fêmeas deverão iniciar as posturas em meados de Fevereiro, pois existem observações de juvenis voadores na terceira de semana de Março, ou seja, ainda antes do equinócio da Primavera. Isto faz do cartaxo um dos reprodutores mais precoces de entre as aves que nidificam no nosso território. Com efeito, são muito poucas as espécies de aves que já têm crias voadoras em meados de Março.

Claro que se poderá especular em que medida as muito faladas alterações climáticas não terão algo a ver com uma eventual antecipação da época de nidificação do cartaxo. Mas a verdade é que não existe qualquer prova de que a época de cria do cartaxo tenha, de facto, sofrido uma antecipação. Mas se assim é, porquê esta "pressa" para nidificar em pleno Inverno? Porque não esperar que o tempo fique mais ameno? A verdade é que o cartaxo cria frequentemente duas, três ou até quatro ninhadas, e por isso uma possível explicação para este início precoce será a tentativa de aproveitar ao máximo período reprodutor, começando bem cedo para maximizar o número de ninhadas.

Onde observar o cartaxo

Tratando-se de uma espécie ubíqua e de ampla distribuição, o cartaxo pode ser encontrado em praticamente qualquer zona de Portugal Continental (não ocorre nos Açores nem na Madeira). É uma ave fácil de observar e que frequentemente permite uma boa aproximação.

Os melhores locais para o procurar são os terrenos agrícolas ou incultos onde existam pontos que sirvam de pouso, tais como postes ou pequenos arbustos. O cartaxo também ocorre em zonas florestais pouco densas, como sejam os montados de sobro com clareiras, pinhais jovens e esparsos, sebes junto aos caminhos, silvados e restolhos. De uma forma geral, evita as zonas urbanizadas, embora no interior do território possa por vezes ser visto nas imediações de vilas ou pequenas cidades, como acontece localmente em Trás-os-Montes. Está presente em montanha e na Serra da Estrela já foi observado acima dos 1800m, embora seja relativamente raro acima dos 1600m.

Tal como acontece com muitas aves consideradas muito comuns, a sua tendência populacional em Portugal não é conhecida. Isto fica a dever-se à dificuldade em contabilizar populações de aves muito abundantes e para as quais não existem contagens regulares. No resto da Europa, onde o cartaxo conta com uma população de cerca de 2 milhões de indivíduos, assiste-se a uma expansão demográfica generalizada, que adquire o carácter de recuperação após a quebra verificada nas décadas de 1970 e 1980.

Ficha técnica

- **Nome vulgar**: Cartaxo-comum
- **Outros nomes vulgares**: Cartaxo-preto, Caga-estacas, Pretinha
- **Nome científico**: *Saxicola torquata*[15]
- **Dimensão**: 12-13 cm
- **Descrição**: o macho tem a cabeça preta, um semicolar branco, o peito e o ventre cor de fogo e o dorso castanho com riscas; a fêmea tem a cabeça castanha, sendo de resto parecida com o macho, mas com as cores menos contrastadas.
- **Espécies semelhantes**: o cartaxo-nortenho, que nidifica apenas no extremo norte do país e ocorre no resto do território continental em passagem migratória outonal (Setembro-Outubro), tem a lista supraciliar ("sobrancelha") branca e a parte exterior da cauda também branca;
- **Habitat**: frequenta principalmente zonas agrícolas abertas sem árvores ou com árvores esparsas; evita zonas florestais muito densas e áreas fortemente urbanizadas.
- **Distribuição**: ocorre todo o território continental, embora seja raro na região de Aveiro e no extremo sueste do território.
- **Estatuto migratório**: principalmente residente, contudo nalguns locais junto à costa surge apenas na estação fria.

Publicado no jornal Quercus Ambiente nº 26, de Novembro e Dezembro de 2007.

---

[15] Actualmente o nome científico desta espécie é *Saxicola rubicola*.

A pega-azul

A pega-azul é um dos membros mais coloridos da família dos corvídeos: a sua longa cauda e a plumagem azul e rosada tornam esta ave inconfundível. Esta espécie é também notável porque apresenta uma das mais singulares distribuições que se conhecem em todo o mundo. Fique a saber um pouco mais sobre esta ave.

A família dos corvídeos encontra-se representada em Portugal por sete espécies: o gaio, a pega-azul, a pega-rabuda, o corvo e três espécies de gralhas. De todas estas espécies, a pega-azul é a que tem a menor área de distribuição na Europa, ocorrendo unicamente na Península Ibérica.

Em Portugal a distribuição da pega-azul estende-se pelas zonas de influência mediterrânica e compreende quase toda a zona a sul do Tejo e também a franja oriental a norte deste rio. O limite norte da sua área de repartição deverá situar-se em Miranda do Douro.

A pega-azul frequenta zonas arborizadas com clareiras ou sem sub-bosque, nomeadamente pinhais de pinheiro-manso, azinhais, carvalhais e olivais. Também ocorre em matos e também em sebes, por exemplo alamedas de árvores ao longo das estradas. É uma espécie muito gregária, não sendo raro observar bandos com muitas dezenas de indivíduos. Alimenta-se de invertebrados, sementes e frutos. Entre os invertebrados, os mais importantes são os coleópteros (besouros e escaravelhos), bem como as formigas, as vespas, as larvas, as libelinhas e os caracóis.

Embora a pega-azul não se encontre actualmente ameaçada, é de assinalar que em Espanha se tem notado uma tendência regressiva desta espécie, devido principalmente à destruição de degradação do habitat e também à pressão de caça que lhe é movida, por causa dos danos que supostamente causa à agricultura e às espécies cinegéticas. No caso de Portugal não existem dados quantitativos sobre a tendência populacional.

Uma distribuição invulgar

A pega-azul tem uma distribuição singular, composta por dois núcleos bem definidos, separados entre si por quase 10 mil quilómetros. Um dos núcleos situa-se na Península Ibérica, abrangendo a maior parte do território português e a parte central e ocidental de Espanha. O segundo núcleo encontra-se no extremo oriente e estende-se pela China, pela parte oriental da Rússia, pela Península Coreana e pelo Japão.

Devido à singularidade desta distribuição chegou a ser colocada a hipótese, na década de 1960, que as aves presentes na Península Ibérica tivessem sido trazidas na época dos Descobrimentos por navegadores portugueses ou espanhóis como aves ornamentais ou de gaiola, que se teriam entretanto estabelecido em liberdade. Outra corrente defende que esta espécie terá, em tempos muito remotos, tido uma distribuição contínua, a qual foi posteriormente dividida nos dois núcleos acima referidos durante as glaciações pleistocénicas. A polémica em torno deste assunto manteve-se até finais do séc. XX. Contudo, há cerca de 10 anos, a descoberta, em Gibraltar, de fósseis atribuídos a esta espécie e cuja idade foi estimada em 44 mil anos, vieram dar razão aos defensores da segunda teoria.

Em face destes elementos, alguns autores e especialistas consideram que a população ibérica de pegas-azuis deveria ser promovida ao estatuto de espécie (*Cyanopica cooki*). Contudo, esta proposta não reuniu ainda o consenso de todos os especialistas, havendo quem sustente que são necessárias mais evidências sobre as características genéticas desta população antes de aprovar esta proposta.

Uma coisa é certa: a nível europeu esta espécie é um ícone da Península Ibérica e, talvez por isso, a Sociedade Portuguesa de Ornitologia (SPO), fundada na década de 1960, escolheu esta espécie como símbolo para a sua revista *Cyanopica*.

Onde observar a pega-azul

Sendo uma espécie de ampla distribuição e relativamente comum em Portugal, a pega-azul não é difícil de encontrar. No Algarve a espécie é muito comum na parte central da região. Um dos melhores locais para a observar é a Quinta do Lago, pois aqui a espécie é frequente ao longo dos arruamentos que percorrem a zona. Também pode ser vista na vizinha zona de Vale de Lobo e, mais para oeste, na ria de Alvor.

No Baixo Alentejo, a pega-azul está presente em pinhais e azinhais, sendo muito comum por exemplo nas zonas de Grândola e Ferreira do Alentejo. Também é frequente na margem esquerda do Guadiana, nomeadamente nos olivais dos concelhos de Moura, Serpa e Mértola. No Alto Alentejo é relativamente mais escassa, excepto no extremo norte, junto ao rio Sever, onde é bastante abundante.

Na região de Lisboa, esta espécie é menos comum, sendo a serra da Arrábida o melhor local para ver este corvídeo.

A norte do rio Tejo a espécie distribui-se apenas ao longo de uma estreita faixa com cerca de 50 km de largura ao longo da fronteira, mas pode ser localmente abundante. Na Beira interior, por exemplo, é muito comum na zona do Tejo Internacional e, mais para norte, nas zonas raianas de Vilar Formoso e em Celorico da Beira. Também é frequente junto ao rio Douro, nomeadamente em Pocinho e Barca d'Alva. Em Trás-os-Montes é claramente mais rara, mas pode ser vista em pequenos números ao longo do Douro Internacional.

Ficha técnica

- **Nome vulgar**: Pega-azul
- **Outros nomes vernáculos**: Charneco, Rabilongo
- **Nome científico**: *Cyanopica cyanus*
- **Dimensão**: 40-50 cm (incluindo 20-30 cm da cauda)
- **Descrição**: partes superiores rosadas, cauda e asas azuis, barrete preto, partes inferiores brancas; a cauda longa permite facilmente identificá-la em voo.
- **Espécies semelhantes**: a pega-rabuda, que também tem uma longa cauda, é bastante maior e identifica-se facilmente pela plumagem preta e branca.
- **Habitat**: surge invariavelmente associada a zonas florestadas, sendo rara observá-la longe de árvores; prefere zonas com clareiras ou sem estrato arbustivo.
- **Distribuição**: a sul do Tejo tem uma distribuição ampla, que vai desde a península de Setúbal até à fronteira espanhola e desde o norte alentejano até ao Algarve; a norte do Tejo ocorre sobretudo ao longo da raia, numa faixa com cerca de 50 km de largura, que se estende para norte através da Beira interior até à cidade transmontana de Miranda do Douro.
- **Estatuto migratório**: Sobretudo residente; no Inverno pode formar bandos com muitas dezenas de indivíduos e efectuar alguns movimentos dispersivos.

Publicado no jornal Quercus Ambiente nº 33, de Janeiro e Fevereiro de 2009.

As aves que vêm do Árctico

É sabido que o Outono é uma época de migrações. Nessa época do ano, muitas aves que chegaram a Portugal na Primavera, para se reproduzirem, abalam para África. Por outro lado, chegam ao país muitas outras aves, oriundas do centro e do norte da Europa, que escolhem o nosso território para passar a estação fria ou que apenas param aqui por alguns dias, durante a sua migração rumo ao sul.

Entre os migradores que nos visitam fora da época reprodutora, contam-se algumas espécies que nidificam no chamado "tecto do mundo" (as regiões árcticas) e que apenas aparecem na Europa depois da época reprodutora. Deste lote fazem parte cinco espécies de limícolas que são relativamente frequentes ao longo da costa portuguesa: o pilrito-das-praias, o pilrito-de-bico-comprido, o pilrito-pequeno, a seixoeira e a tarambola-cinzenta.

Até meados do século XIX, a origem destas espécies invernantes ou migradoras de passagem era totalmente desconhecida, pois mesmo nas regiões mais setentrionais da Europa o seu aparecimento apenas se dava, como ainda hoje, depois de terminada a época dos ninhos, ou seja, já nos meses de Verão. Presumia-se, mas sem qualquer prova concreta, que estas espécies deveriam nidificar em locais situados latitudes muito elevadas, já em plena tundra árctica, nunca antes visitados por ornitólogos.

Com o propósito de descobrir os territórios de nidificação destas cinco espécies de aves aquáticas cujos territórios de nidificação permaneciam desconhecidos (e também de uma sexta espécie, que inverna nos Países Baixos e nas Ilhas Britânicas, o cisne de Bewick), o ornitólogo inglês Henry Seebohm organizou e realizou, em 1875, uma expedição à tundra siberiana, mais concretamente ao vale do rio Pechora (que fica a mais de 1000 km para nordeste de Moscovo). No seu troço mais importante, este rio corre para norte, atravessando o círculo polar árctico e desaguando no Mar de Barents, perto de Nova Zembla).

Durante esta expedição, que durou vários meses, Seebohm conseguiu comprovar a nidificação de três das espécies-alvo, nomeadamente a tarambola-cinzenta, o cisne de Bewick e o pilrito-pequeno (este último, sabe-se hoje, nidifica também no extremo norte da Noruega) – as restantes espécies não nidificam na zona visitada por este ornitólogo, sendo necessário viajar ainda mais para norte, até ao limite da presença humana na Terra, para encontrar os seus ninhos.

Apesar de nidificarem em zonas tão remotas, as cinco espécies de limícolas acima referidas são migradoras de longa distância e todas elas invernam, em números apreciáveis, na costa ocidental africana (quatro destas espécies também ocorrem durante o Inverno, em menor número, nas costas europeias). São todas relativamente fáceis de observar ao longo da costa portuguesa durante as suas migrações ou nos meses mais frios. Seguidamente dão-se alguns detalhes sobre cada uma delas, nomeadamente sobre a sua identificação e sobre os locais onde podem ser encontradas.

- Tarambola-cinzenta (*Pluvialis squatarola*)
- É a maior das cinco espécies. De tamanho semelhante a um pombo, caracteriza-se pela sua plumagem acinzentada e pelo bico preto, relativamente curto. Os adultos em plumagem nupcial (observáveis na Primavera e no início do Verão) caracterizam-se pelo ventre escuro, visível a grande distância. As tarambolas caminham pausadamente, com paragens frequentes. Encontram-se sobretudo em estuários, sendo relativamente fáceis de observar nas principais zonas húmidas da costa portuguesa (estuários do Minho, Mondego, Tejo, Sado, Alvor e Guadiana, ria de Aveiro e ria Formosa), tanto nas passagens como de Inverno.
- Melhor época: Setembro a Abril

- Seixoeira (*Calidris canutus*)
- É um pouco maior que os pilritos, fazendo lembrar uma rola pelo seu aspecto rechonchudo e atarracado, embora seja um pouco menor. O bico é curto e as patas são esverdeadas. Na plumagem de Inverno tem tonalidades acinzentadas, mas na Primavera os adultos apresentam já a plumagem nupcial, de tons laranjas. Contrariamente à maioria das limícolas que passam por Portugal, a seixoeira é mais comum na passagem primaveril que no Outono. Ocorre em estuários e, pontualmente, em praias de substrato rochoso.
- Melhor época: Maio

- Pilrito-das-praias (*Calidris alba*)
- É talvez a mais conhecida e a mais fácil de observar das espécies referidas. Tal como a maioria dos pilritos, é uma limícola de pequenas dimensões, com cerca de 20 cm de comprimento. Caracteriza-se pela cor preta e branca (embora na passagem primaveril não seja raro encontrar adultos já em muda para a plumagem nupcial, de tom alaranjado). Esta espécie aprecia particularmente as praias marinhas, sendo frequente encontrar pequenos bandos que caminham freneticamente junto à rebentação, em busca de alimento. Contrariamente às restantes espécies aqui referidas, este pilrito é frequente nos Açores e na Madeira.
- **Melhor época: Agosto a Abril**

- Pilrito-pequeno (*Calidris minuta*)
- É uma das limícolas mais pequenas, com apenas 14 cm de comprimento. Fácil de identificar pelas suas reduzidas dimensões, especialmente quando aparece misturado com pilritos-comuns (*Calidris alpina*), aos quais se associa frequentemente. Embora seja regular em Portugal durante o Inverno, o pilrito-pequeno é claramente mais abundante durante as passagens migratórias, em particular na passagem pós-nupcial. A passagem primaveril é, geralmente, pouco pronunciada.
- **Melhor época: Agosto a Outubro**

- Pilrito-de-bico-comprido (*Calidris ferruginea*)
- Este pilrito caracteriza-se pelo seu bico comprido e ligeiramente recurvado, sendo ligeiramente maior que o pilrito-comum, com o qual forma muitas vezes bandos mistos. Em voo, destaca-se o seu uropígio branco. Contrariamente às restantes limícolas, esta espécie não inverna habitualmente em nenhum país da Europa, ocorrendo neste continente apenas no decurso das suas passagens migratórias de e para África. Em Portugal ocorre em dois períodos distintos: em Abril-Maio (passagem pré-nupcial), época em que é pouco abundante, e novamente em de Julho a Outubro (passagem pós-nupcial), sendo então bastante mais numeroso. Nos meses de Maio e Julho não é raro encontrar adultos envergando a bonita plumagem nupcial alaranjada.
- **Melhor época: Julho a Setembro**

Publicado no jornal Quercus Ambiente nº 37, de Setembro e Outubro de 2009.

A invasão das aves marinhas

Meteorologicamente, o Inverno de 2008-09 caracterizou-se por um rigor como há muito não se via: frio, chuva e neve juntaram-se e dominaram durante várias semanas consecutivas. Estas condições trouxeram consigo um rol de aves marinhas que fizeram as delícias de fotógrafos e observadores de aves.

Depois de um Novembro ameno e soalheiro, o mês de Dezembro começou chuvoso. Nesse mês, os períodos de mau tempo alternaram com dias de sol, mas para desagrado de quase todos os que gostam de actividades de exterior, os dias mais chuvosos deram-se sobretudo ao fim-de-semana. Com efeito, à excepção do fim-de-semana de 20-21, que foi de sol, os fins-de-semana foram geralmente, frios, cinzentos e tristonhos. Os ventos fortes que se fizeram sentir ajudaram a criar um ambiente desagradável, pouco propício a actividades de exterior.

E se em Dezembro o tempo esteve mau, em Janeiro ficou pior. Os dias de sol escassearam e os temporais intensificaram-se: muita chuva, ventos fortes e bastante neve (no norte do país, foram pelo menos seis os nevões em menos de dois meses).

Os observadores de aves sabem bem que as condições meteorológicas adversas são particularmente favoráveis ao aparecimento de aves de hábitos pelágicos, que se aproximam da costa. Contudo, aquilo que aconteceu este Inverno superou as expectativas mais ousadas.

A chegada das mobelhas

O primeiro sinal de que algo de anormal estava a acontecer surgiu em finais de Dezembro e inícios de Janeiro, quando foram observadas mobelhas-grandes (*Gavia immer*) em diversos locais da costa portuguesa. Peniche, Cabo Espichel, lagoa de Albufeira, praia de Oeiras e ria de Aveiro foram alguns dos locais onde esta espécie, raramente avistada em Portugal, foi detectada durante o período que rondou o ano novo. Porque estariam a aparecer tantas mobelhas entre nós? Estaria o Inverno a ser muito rigoroso ou seria apenas um movimento anormal envolvendo uma única espécie?

Até meados de Janeiro esta foi a única indicação que apareceu. Mas a partir da terceira semana, tudo mudou.

A invasão das gaivotas

A partir de meados de Janeiro, as gaivotas foram os grandes protagonistas. Um pouco por todo o país, assistiu-se ao aparecimento de gaivotas raras, que habitualmente não aparecem nas nossas costas.

Duas espécies habitualmente raras em Portugal – a gaivota-hiperbórea (*Larus hyperboreus*) e a gaivota-polar (*Larus glaucoides*) – marcaram presença em diversos locais do litoral centro e sul, particularmente em praias, portos de pesca e pequenos estuários. Estas duas espécies são oriundas das regiões árcticas (Islândia, Gronelândia e Árctico canadiano) e invernam no atlântico norte, raramente descendo abaixo da latitude 50 graus norte. Na maioria dos anos, apenas há registos isolados destas espécies, mas este Inverno as duas espécies foram observadas em diversos locais da nossa costa. Deverá ter havido pelo menos dez indivíduos diferentes de cada espécie, com uma notável concentração de cinco gaivotas-hiperbóreas no porto de Peniche, no início de Fevereiro. No caso das gaivotas-polares, há ainda a destacar uma observação de um indivíduo da subespécie *kumlieni*, oriunda do Canadá!

O aparecimento em números anormais destas duas espécies de gaivotas também foi registado nos Açores.

Duas outras espécies relativamente raras junto à costa continental – a gaivota-tridáctila (*Rissa tridactyla*) e a gaivota-pequena (*Larus minutus*), apareceram em números muito razoáveis, com bandos de algumas dezenas em diversos locais do litoral nacional. Mas o movimento não se ficou pelo litoral. No caso das gaivotas-tridáctilas, que apareceram aos milhares nas nossas costas, o movimento estendeu-se para o interior e houve registos da sua ocorrência no médio Tejo (Abrantes), em várias barragens alentejanas dos distritos de Beja e Portalegre, na zona de Arganil e até na serra da Estrela!

No centro de Espanha foi observada e fotografada uma gaivota-rosada (*Rhodostethia rosea*), espécie raríssima nas nossas latitudes.

Painhos, fulmares e outras aves

Para além das gaivotas, que foram a face mais visível desta "invasão", outras espécies marcaram presença no nosso território.

O painho-de-cauda-forcada (*Oceanodroma leucorhoa*), pequena ave de hábitos fortemente pelágicos, deu à costa em diversos locais, tendo sido encontrados exemplares mortos ou debilitados em Sagres e na lagoa de Albufeira; além disso, foram observados pelo menos 5 indivíduos em voo sobre a lagoa de Óbidos em finais de Janeiro, sendo esta uma observação invulgar para uma ave de hábitos pelágicos e foram ainda vistos diversos indivíduos ao largo de Lagos em Fevereiro. Os fulmares (*Fulmarus glacialis*) também são muito raros em águas nacionais, mas no início de Fevereiro houve notícia de vários exemplares mortos que apareceram nas praias do litoral centro e sul, nomeadamente junto à lagoa de Albufeira e à lagoa de Santo André.

No estrangeiro

O aparecimento de números anormalmente elevados de aves marinhas tem-se verificado noutros países da Europa. Na vizinha Espanha, particularmente na Galiza e nas Astúrias, foram registadas dezenas de gaivotas hiperbóreas e polares (com cerca de três dezenas de registos de cada espécie, só em Janeiro).

Também na Irlanda, no Reino Unido e em França se registou o aparecimento, em números pouco habituais, de inúmeras gaivotas vindas de regiões mais a norte.

O que estará por trás deste movimento anormal de aves marinhas, que fizeram chegar às costas europeias muitas espécies que habitualmente não ocorrem nestas paragens?

Poder-se-ia conjecturar se terá sido apenas o mau tempo o responsável por todo este movimento. Ou será que o alimento terá escasseado nas zonas habitualmente frequentadas por estas aves?

Estas são perguntas que, para já, terão de ficar sem resposta e que mostram que, apesar de conhecermos já razoavelmente bem os movimentos migratórios das aves, ainda há muito por descobrir.

Publicado no jornal Quercus Ambiente nº 34, de Março e Abril de 2009.

O criado do cuco

Se perguntarmos a um lisboeta quem é o "criado do cuco", a resposta mais provável será "não sei". No entanto, se colocarmos a mesma questão a um habitante de uma aldeia de Mogadouro ou de Freixo de Espada à Cinta, ele sorrirá e responderá que "o criado do cuco é uma grande ave que aparece no vale". Se depois lhe perguntarmos qual a razão desse nome, ele dirá "porque é aquele que vem à frente do cuco para lhe trazer a bagagem".

Quem é, afinal, o "criado do cuco" e qual a origem de tão curioso nome? Trata-se nem mais nem menos do abutre-do-egipto e a explicação para esta alcunha é interessante: o cuco é uma das primeiras espécies migradoras a regressar de África, chegando geralmente na segunda semana de Março e fazendo ouvir o seu conhecido "cucu" por todo o país. Contudo, o abutre-do-egipto, também ele migrador, faz geralmente a sua aparição um pouco mais cedo que o cuco, chegando no princípio de Março. Daí o facto de ter ficado conhecido como o "criado do cuco", se bem que apenas na região do Douro Internacional, por ser esta a única zona do país onde este abutre é razoavelmente comum.

O abutre-do-egipto é o mais pequeno dos nossos abutres. A sua identificação não apresenta dificuldades, devido aos tons contrastados que apresenta sob as asas, fazendo lembrar o padrão da cegonha-branca. No entanto, a observação deste abutre não é muito fácil e exige paciência porque, ao contrário do grifo, o abutre-do-egipto não costuma formar bandos de grande dimensão, sendo mais frequente observá-lo isolado ou aos pares, além de que, à distância, as suas asas brancas se podem confundir facilmente com o céu num dia de sol.

Uma tendência regressiva

Tal como os outros abutres, também esta espécie se alimenta unicamente de carne morta, tendo por isso mais dificuldade em encontrar alimento nos nossos dias do que antigamente, quando

224

os cadáveres de animais eram mais fáceis de encontrar. Por outro lado, este abutre não se sente muito atraído pelos alimentadores, onde os grifos se deliciam frequentemente com os pedaços de carne ali colocados pelo homem. Talvez seja por esta razão que a população portuguesa tem vindo a diminuir gradualmente e que a sua distribuição geográfica está hoje tão limitada. De acordo com um censo realizado em 2000, a população portuguesa deverá contar com 83 a 84 casais reprodutores.

Embora não existam dados quantitativos para datas anteriores, há bastantes evidências de que a população portuguesa de abutres-do-egipto sofreu uma redução substancial ao longo de todo o século XX. Os poucos dados disponíveis de finais do século XIX e da primeira metade do século XX evidenciam uma maior abundância deste pequeno abutre no passado, que tinha então uma distribuição muito mais alargada e era frequente mesmo em escarpas de zonas costeiras.

Segundo o Livro Vermelho dos Vertebrados de Portugal, entre os factores de ameaça identificados para esta espécie no nosso país contam-se a redução da disponibilidade alimentar, a modernização agrícola, o declínio das populações de coelhos, a perturbação humana, a colisão e a electrocussão com linhas de transporte de energia e o abate a tiro.

Esta tendência de diminuição não afectou apenas a população portuguesa, tendo-se também feito sentir noutros países da Europa, nomeadamente em Espanha e na Turquia – estes dois países albergam o grosso da população europeia desta espécie.

Onde observar

A melhor região do país para procurar esta espécie é, ainda hoje, o Douro Internacional, onde se concentra a maior parte da população portuguesa. Na cidade de Miranda, do Douro, por exemplo, não é raro ver abutres a sobrevoar o centro da cidade, mas a espécie pode ser vista noutros locais da região, como o miradouro de São João das Arribas (Miranda do Douro), a zona de Lagoaça (Mogadouro), o miradouro de Penedo Durão (Freixo de Espada à Cinta) ou a zona de Barca d'Alva (Figueira de Castelo Rodrigo).

No resto do país, a espécie é muito menos frequente e, por isso, mais difícil de encontrar. No Tejo Internacional (Beira Baixa) ainda existem alguns casais, nomeadamente no concelho de Idanha-a-Nova, mas na bacia do Guadiana a situação é muito desfavorável, tendo a espécie diminuído substancialmente ao longo das últimas décadas do século XX e encontrando-se hoje virtualmente extinta (o último casal conhecido desapareceu em 1996 e desde então o seu aparecimento na área é muito esporádico). Conhecem-se também observações pontuais na zona da serra de São Mamede (Alto Alentejo).

O abutre-do-egipto só está presente nos locais de cria durante a Primavera e o Verão, partindo em Setembro em direcção a África. Tal como as outras aves de grande porte, evita atravessar grandes extensões de mar, seguindo preferencialmente ao longo da costa. O estreito de Gibraltar serve de local de travessia a mais de 4000 aves desta espécie, especialmente em Setembro. Alguns migradores "perdidos", sobretudo juvenis, ocorrem regularmente junto ao cabo de São Vicente em finais de Setembro e princípio de Outubro, permanecendo na zona durante alguns dias, até encontrarem o caminho para África.

Ficha técnica

- **Nome vulgar**: Abutre-do-egipto
- **Outros nomes vernáculos**: Almocreve do Cuco, Britango, Criado do Cuco
- **Nome científico**: *Neophron percnopterus*
- **Dimensão**: 55-65 cm (pousado); 155-180 cm (envergadura)
- **Descrição**: os adultos caracterizam-se pela plumagem preta e branca, pela face e bico amarelados e pela cauda em cunha; os juvenis são castanhos-escuros.
- **Espécies semelhantes**: a águia-calçada tem o mesmo padrão preto e branco, mas é mais pequena e tem a cauda quadrada.
- **Habitat**: vales escarpados pouco habitados, principalmente nas zonas remotas do interior.
- **Distribuição**: ocorre sobretudo no Douro Internacional e nos seus afluentes (região de Trás-os-Montes e Alto Douro) e no Tejo Internacional (Beira Baixa), com casais isolados noutros locais; durante a passagem migratória outonal surge com regularidade ao longo da faixa costeira, especialmente junto ao cabo de São Vicente.
- **Estatuto migratório**: é uma espécie estival nidificante, que chega em Março e parte em Setembro; inverna em África a sul do Sara.

Publicado no jornal Quercus Ambiente nº 38, de Novembro e Dezembro de 2009.

O abibe

O abibe é um visitante de Inverno, que surge no nosso país de Outubro a Março. Forma bandos de dezenas ou mesmo centenas de indivíduos, que se alimentam nos campos. A sua curiosa poupa, os seus tons esverdeados e o seu voo lento em bandos desordenados fazem desta graciosa ave uma das mais características presenças de Inverno.

Com a chegada do Outono, a avifauna de Portugal transforma-se profundamente: as aves migradoras partiram para África e os campos adquirem uma cor verde; onde se ouvia o canto do Trigueirão ou da Fuinha-dos-juncos, reina agora o silêncio. Contudo, o observador mais atento notará que os campos não estão vazios e são patrulhados por grandes quantidades de aves: cotovias, trigueirões, tentilhões, pintassilgos, alvéolas e petinhas, entre muitos outros, agrupam-se em vastos bandos, por vezes mistos, que percorrem os terrenos lavrados, ceifados ou incultos, em busca de alimento.

No meio de toda esta "passarada miúda" é frequente depararmos com algumas aves de maiores dimensões, de aspecto preto-e-branco, asas arredondadas e voo irregular, formando grandes bandos desordenados – estas aves são os abibes.

Os abibes pertencem ao vasto grupo das limícolas e distribuem-se pela Europa e pela Ásia. São aves migradoras, que na Europa nidificam sobretudo no norte e leste (embora com algumas populações nidificantes no sul, nomeadamente em Espanha) e invernam na bacia do Mediterrâneo e nas Ilhas Britânicas.

Ao contrário de muitas outras limícolas, o abibe não é uma ave exclusivamente aquática e, embora não seja raro encontrá-lo em zonas húmidas, especialmente no final do Verão, esta espécie aprecia sobretudo áreas abertas, tais como terrenos lavrados ou em pousio, sem árvores ou com árvores esparsas.

O seu voo é irregular e, quando inicia as descidas em direcção ao solo, faz lembrar um objecto flutuante. A origem do seu nome poderá mesmo estar relacionada com a sua forma de voar (ver caixa "A propósito do nome abibe...").

Situação em Portugal

Os abibes são uma presença comum no nosso país no Outono e no Inverno.

No entanto, os primeiros abibes podem ser observados um pouco mais cedo, geralmente a partir de finais de Junho, e durante todo o Verão não são invulgares as observações esporádicas de aves isoladas ou de pequenos bandos; nestes casos é provável que se trate de indivíduos em dispersão a partir dos territórios de nidificação, situados em Espanha, onde a espécie nidifica em algumas regiões, ou na Europa Central.

A maior parte dos invernantes chega em Outubro, sendo a partir deste mês que a presença da espécie se faz notar e que o abibe pode ser visto em maior abundância no nosso país.

É no sul do país, particularmente no Alentejo, que ocorrem os maiores bandos, por vezes com largas centenas de indivíduos. No norte, o abibe é menos comum e nalguns locais apenas surge ocasionalmente.

A espécie está presente em grandes números até Fevereiro tornando-se então menos abundante. Em Março os últimos indivíduos abandonam o nosso território, para regressarem às regiões de cria.

Apesar de nidificar em diversas regiões de Espanha, o abibe não nidifica regularmente em Portugal. O caso mais recente de que há conhecimento teve lugar em Castro Marim, em 1993, ano em que um casal desta espécie aí nidificou com sucesso; também na década de 80 foram detectados alguns casos esporádicos de nidificação no Alentejo e no Ribatejo; contudo, a ocorrência do abibe como nidificante em território português continua a ser um acontecimento excepcional.

De onde vêm os abibes?

Graças à realização de actividades de anilhagem, é possível estudar os movimentos das aves. Sabe-se assim que os abibes que invernam em Portugal são originários sobretudo da Europa central e de leste. De entre as recapturas conhecidas de aves desta espécie anilhadas no estrangeiro e recapturadas em Portugal, a Holanda surge como o país de origem mais representado, seguida pelo Reino Unido; outros países são a Alemanha, a Bélgica, a Polónia, a República Checa e a Suécia. Quase todas estas aves foram anilhadas no ninho, poucos dias depois de terem nascido, sendo por isso possível afirmar com segurança que as populações que invernam em Portugal compreendem aves que nasceram nos países mencionados.

Refira-se que quase todas as informações referentes a recapturas de abibes anilhados envolveram aves abatidas a tiro. Aliás, esta espécie é bem conhecida dos caçadores portugueses, dado que ainda há poucos anos fazia parte da lista de espécies que podiam ser abatidas. Hoje, apesar de ainda ser uma espécie cinegética, esta esbelta ave não pode ser caçada, o que certamente contribui de forma positiva para a sua conservação.

A propósito do nome Abibe...

- O nome científico desta espécie, *Vanellus vanellus*, constitui uma latinização do termo francês Vanneau, o qual por sua vez está relacionado com um instrumento utilizado antigamente na agricultura para separar a casca do grão, após a colheita do cereal. Presumivelmente o voo lento e irregular do abibe terá feito lembrar as oscilações deste instrumento, daí a associação do nome.

- O nome português, Abibe, apesar de ser o mais vulgarmente utilizado para a espécie, é frequente sobretudo no Alentejo e tem origem no termo árabe Beebet. Tal como sucede com muitas outras espécies de aves, também o Abibe conhecido por diferentes nomes nas várias regiões do país. No Algarve a espécie é conhecida por Bibe, nome que ainda se encontra mais próximo do termo árabe original. No entanto, é do norte do país que provém a mais rica nomenclatura. Nomes como Abecoinha, Abescoinha, Abetoninha, Avetoinha ou Ventoinha constituem algumas das numerosas variantes, sobretudo nas zonas do Douro Litoral e Beira Litoral. Localmente é possível encontrar alguns nomes ainda mais originais, tais como Águas-Neves, Choradeira, Donzela-Verde, Galispo, Mula, Pavoncinho, Pendre ou Víbora.

Ficha técnica

- **Nome vulgar**: Abibe-comum
- **Nome científico**: *Vanellus vanellus*
- **Dimensão**: 28-31 cm
- **Habitat**: terrenos agrícolas descobertos ou com árvores dispersas; ocorre principalmente em planície e, por vezes, junto a zonas húmidas
- **Alimentação**: sobretudo pequenos invertebrados, que apanha no solo; muitos dos insectos que captura são nocivos, pelo que o abibe é benéfico para a agricultura; por vezes também consome ervas e sementes
- **Vocalizações**: Nos territórios de nidificação emite um "pi-ouit" sonoro, que no entanto raramente é ouvido em Portugal; no Inverno ouve-se sobretudo o som anasalado que é emitido quando as aves levantam voo
- **Distribuição**: Nidifica em toda a Europa Central e Setentrional e, mais localmente, no sul; no Inverno distribui-se pela França, Ilhas Britânicas e Península Ibérica; em Portugal é invernante e ocorre na maior parte do país, sendo mais comum no sul
- **Estatuto migratório**: sobretudo migrador, embora nalgumas regiões da Europa Central e Ocidental seja residente; ao contrário de muitas outras limícolas, que são migradores nocturnos, o abibe efectua as suas migrações durante o dia

Publicado no jornal ABC Ambiente n° 23, de Outubro de 2000.

Pardais-espanhóis em terras lusitanas

O pardal é, sem dúvida, uma das aves mais conhecidas. No entanto, o que já não é tão conhecido é o facto de em Portugal existirem quatro espécies de pardais. No presente artigo vamos debruçar-nos apenas sobre uma das espécies menos conhecidas: o pardal-espanhol.

Quando ouvimos falar de pássaros, uma das espécies que mais depressa vem à ideia é o vulgar pardal. Comum e conhecido de toda a gente, poucos serão aqueles que não tiveram oportunidade de ver uns pardalitos junto às casas, procurando alimento.

Já o pardal-espanhol não é para todos: mais esquivo, menos dado ao convívio com os seres humanos e com uma distribuição que abrange sobretudo as regiões mais remotas do interior do país, o pardal-espanhol é uma ave bastante curiosa, quer pelos seus hábitos, quer pela sua distribuição, quer até pelas grandes alterações que tem havido na sua área de ocorrência.

Comum e em expansão

Há cerca de 25 anos atrás, o pardal-espanhol apresentava em Portugal uma distribuição bastante restrita: apenas era considerado comum na Beira Baixa, conhecendo-se pequenos núcleos periféricos noutras zonas do país, nomeadamente na Beira Alta e no Alto Alentejo.

Contudo, no último quartel do séc. XX, a sua distribuição sofreu bastantes alterações e a situação actual é totalmente diferente, tendo a espécie sofrido um processo de expansão para sul e para oeste que parece não ter ainda terminado totalmente. Em particular, ocupa hoje a maior parte do interior alentejano, sendo comum em quase toda esta região e estando presente em inúmeros locais onde há duas décadas não era conhecida a sua ocorrência.

Também na Beira Alta, onde a espécie tem uma distribuição bastante limitada, o número de núcleos conhecidos é hoje claramente superior ao do passado.

É certo que o maior conhecimento da espécie terá contribuído para a sua detecção em novos locais. No entanto, não parece haver dúvidas de que muitas áreas foram colonizadas em anos recentes e que em certos locais, onde a sua ocorrência não era conhecida, o pardal-espanhol é hoje uma presença frequente.

Adicionalmente, desde há cerca de dez anos para cá, o pardal-espanhol começou a ser observado regularmente no Inverno em várias zonas húmidas junto à costa, particularmente nos estuários do Tejo e do Sado e no litoral algarvio. Esta ocorrência sazonal, em locais que ficam longe das regiões onde nidifica, evidencia a existência de movimentos migratórios. Contudo, nada se sabe sobre a origem destes indivíduos invernantes, que tanto poderão vir do Alentejo, como do centro de Espanha ou de qualquer outra zona da Península Ibérica.

Colonial e comensal

O pardal-espanhol é uma ave essencialmente colonial. Escrevemos "essencialmente" porque, embora por vezes possa nidificar isoladamente (por exemplo, em postes telefónicos), na maior parte dos casos reúne-se em colónias com dezenas ou mesmo centenas de ninhos. Estes podem estar instalados em árvores, como eucaliptos, freixos, sobreiros ou azinheiras, ou então em ninhos de cegonhas, como acontece frequentemente. Nestes casos, encontramos uma situação de comensalismo, em que os pardais beneficiam da estrutura do ninho da cegonha para aí construírem os seus próprios ninhos.

Na Barragem de Santa Maria de Aguiar (Beira Alta) há mesmo dois casos curiosos de dois ninhos de cegonha que se encontram situados sobre as águas da albufeira, devido ao facto de as árvores onde se encontram os ninhos estarem parcialmente submersas. Neste local, os ninhos de pardal-espanhol, colocados sob os ninhos das cegonhas, ficam um a dois metros acima do espelho de água, o que constitui uma situação invulgar e curiosa.[16]

Por vezes forma colónias mistas com o pardal-comum, sendo esta situação relativamente frequente em colónias situadas em ninhos de cegonha. No entanto, as duas espécies, apesar de muito parecidas e da proximidade física, raramente se misturam do ponto de vista biológico, ou seja, não hibridizam (existem casos comprovados de indivíduos híbridos, mas esta parece ser mais a excepção que a regra).

1935: espanhóis invadem a Madeira

Um dos factos mais curiosos acerca da distribuição do pardal-espanhol é a sua situação na Madeira. A espécie ocorre no arquipélago apenas desde Maio de 1935, tendo aí chegado, presumivelmente a partir do Norte de África, na sequência de uma forte corrente atmosférica de leste que se terá feito sentir por esses dias. A partir daí, estabeleceu-se no arquipélago e rapidamente se espalhou pelas ilhas.

Na década de 1960, era já considerado comum e bem distribuído na região, ocorrendo na maior parte das localidades costeiras entre a Ribeira Brava e o Caniçal. Em muitos dos locais que colonizou, o pardal-espanhol expulsou o pardal-francês *Petronia petronia*, seu legítimo ocupante.

A área de distribuição do pardal-espanhol na Madeira não tem sido constante e actualmente evidencia alguns sinais de regressão, tendo a espécie desaparecido de alguns locais. Por exemplo, há 20 ou 30 anos ainda havia algumas colónias na cidade do Funchal, mas actualmente esta espécie já não ocorre na cidade. As únicas colónias que se conhecem actualmente na ilha da Madeira situam-se na zona do aeroporto de Santa Cruz e no Caniçal.

---

[16] Os dois ninhos referidos já não existem, uma vez que entretanto os cepos que serviam de suporte apodreceram e caíram.

Em contraste com esta aparente escassez, destaca-se a grande abundância do pardal-espanhol na ilha de Porto Santo, onde se distribui por toda a ilha e é bastante comum. Ocorre sobretudo nas imediações de zonas habitadas, manifestando preferência pelas áreas com palmeiras.

Em suma, tanto no continente como na Madeira o pardal-espanhol constitui um caso de sucesso, que contrasta fortemente com o de outras espécies, cujas populações têm regredido, nalguns casos para níveis alarmantes. Mas isto será tema para outros artigos.

Ficha técnica

- **Nome vulgar:** Pardal-espanhol
- **Nome científico:** *Passer hispaniolensis*
- **Dimensão:** 15 cm
- **Descrição:** os machos, embora parecidos com o pardal-comum, apresentam algumas características que facilitam a identificação: coroa totalmente castanha, babete preto mais extenso que o do pardal-comum e flancos riscados de preto; as fêmeas são muito semelhantes às do pardal-comum, sendo muitas vezes impossível identificá-las com segurança.
- **Voz:** semelhante à do pardal-comum: chip chip chip, etc.
- **Habitat:** ocorre sobretudo em áreas agrícolas com algumas árvores; pode ocorrer em pequenos bosquetes, mas evita as grandes extensões florestais; nidifica frequentemente sob ninhos de cegonha-branca, mas também implanta os ninhos em árvores e até em construções, particularmente em postes eléctricos ou telefónicos; na Madeira ocorre junto a zonas habitadas.
- **Distribuição:** esta espécie ocorre no sul da Europa (Mediterrâneo), no Norte de África, no Médio Oriente e parte da Ásia e ainda nos arquipélagos da Macaronésia (Madeira, Canárias e Cabo Verde). Em Portugal nidifica no território continental e no arquipélago da Madeira.
- **Estatuto migratório:** residente e dispersivo; durante o Outono e o Inverno ocorre também em zonas húmidas junto à costa, particularmente no sul do país.

Publicado no jornal Quercus Ambiente nº 7, de Maio e Junho de 2004.

A ave mais pequena da Europa

Qual é a ave mais pequena de entre todas as que ocorrem na Europa? Esta é uma pergunta que é colocada com frequência por quem se interessa pela observação de aves.

Ao lerem esta questão, muitos leitores lembrar-se-ão, provavelmente, de diversas espécies de pequenas dimensões que ocorrem no nosso país, como a carriça, a fuinha-dos-juncos, a felosa-comum, o chamariz, o chapim-carvoeiro ou mesmo o bico-de-lacre. Todas estas espécies possuem um comprimento geralmente não superior a 11 cm (medido desde a ponta do bico à ponta da cauda) e pesam cerca de 10 gramas ou menos. No entanto, nenhuma delas é a mais pequena de todas, pois existe na Europa uma espécie ainda mais pequena, designada por estrelinha-de-cabeça-listada, estrelinha-real ou, simplesmente, estrelinha. É uma ave quase insignificante, com um comprimento de apenas 9 cm e tão leve que pesa apenas 5 gramas (quatro ou cinco vezes menos que um vulgar pardal).

Esta espécie ocorre em Portugal e pode ser considerada bastante frequente. É uma ave bem conhecida dos anilhadores de aves que, ao realizarem sessões de anilhagem, capturam por vezes uma estrelinha. Este facto constitui sempre motivo de contentamento, quer pela relativa escassez com que a espécie é apanhada na rede, quer pela sua elegância e pelos tons vivos da plumagem, especialmente na coroa. Nas fotos apresentadas pode ver-se um macho de estrelinha a pequena distância, sendo de realçar o interessante padrão de cores da cabeça, com uma lista central cor de laranja vivo e uma sobrancelha branca que é bem visível no campo. O facto de a lista central da coroa ser cor-de-fogo está na origem do nome inglês Firecrest e também no nome científico *Regulus ignicapilla* (sendo que o termo *igne* é de origem latina e significa "fogo", estando presente em palavras portuguesas como ígneo ou ignição, e *capilla* deriva do latim *capillus*, que significa cabelo – ou seja, *ignicapilla* significa que tem o cabelo cor-de-fogo). Atente-se também nas reduzidas dimensões desta ave.

Apesar de todas estas curiosidades, a estrelinha não é muito conhecida pela generalidade das pessoas, devido ao seu pequeno tamanho e à facilidade com que passa despercebida. Com efeito, observar a estrelinha no seu habitat natural pode constituir um verdadeiro desafio, mesmo para observadores experimentados. É que, para além das dificuldades de observação que resultam das suas minúsculas proporções, esta espécie não é muito abundante; além disso, é muito discreta e passa a maior parte do seu tempo na copa das árvores, sendo difícil vislumbrá-la por entre a folhagem. A localização da estrelinha pelo ouvido também não é fácil, pois o seu canto é emitido poucas vezes e o seu piar é quase imperceptível. Além disso, mesmo quando esta minúscula ave é detectada, a observação é muitas vezes fugaz, dado que quase nunca permanece imóvel, saltitando constantemente de ramo em ramo, enquanto procura os pequenos insectos de que se alimenta. Deste modo, para se conseguir observá-la há que ter alguma experiência, dedicação e, sobretudo, paciência.

Não desanime porém o leitor com todas estas dificuldades! Na realidade, existem boas hipóteses de encontrar uma ou duas estrelinhas, desde que procuradas em determinadas épocas e locais. Antes de mais, é importante saber que a sua área de distribuição varia ao longo do ano: no norte e no centro do país é residente e pode ser encontrada em qualquer época, sendo mais comum em zonas de altitude com alguma humidade, particularmente nas cadeias montanhosas do Minho e de Trás-os-Montes e também nas serras da Estrela e de Sintra. Já a sul do Tejo, esta é uma ave essencialmente invernante, que pode ser observada apenas de finais de Setembro a princípios de Março. Seguidamente, há que escolher um local adequado para procurar esta ave: a estrelinha prefere geralmente bosques relativamente densos, especialmente de resinosas de grande porte, mas no Inverno também pode ocorrer em sobreirais e azinhais e mesmo em parques e jardins públicos com árvores frondosas e alguns pinheiros.

Na ilha da Madeira existe uma população de estrelinhas, que até há pouco tempo era considerada uma subespécie da estrelinha-real, mas o estatuto taxonómico destas aves foi recentemente revisto, tendo-lhe sido atribuído o estatuto de espécie (o seu nome científico é *Regulus madeirensis*). Esta ave, localmente conhecida por bis-bis, ocorre na região durante todo o ano e pode ser encontrada sobretudo nas densas florestas de laurissilva que cobrem a parte central da ilha.

A estrelinha-de-cabeça-listada possui na Europa um parente próximo, a estrelinha-de-poupa (*Regulus regulus*), que é muito parecida e é quase do mesmo tamanho, distinguindo-se apenas pela ausência de "sobrancelha" branca. Tal como a sua congénere, também a estrelinha-de-poupa possui hábitos discretos e uma voz pouco audível, o que dificulta a sua detecção e identificação. Em Portugal Continental, esta espécie ocorre unicamente como invernante e é bastante rara, sendo contudo interessante assinalar que no arquipélago dos Açores a espécie é comum e se distribui por todas as ilhas, havendo nada menos que 3 subespécies: *azoricus* na ilha de São Miguel, *sancta-mariae* na ilha de Santa Maria e *inermis* no resto do arquipélago. Todas estas subespécies são residentes.

Ficha técnica

- **Nome vulgar**: Estrelinha-de-cabeça-listada
- **Outros nomes vernáculos**: Estrelinha-real, Bis-bis (Madeira)
- **Nome científico**: *Regulus ignicapilla*
- **Dimensão**: 8 cm
- **Descrição**: muito pequena, tem a plumagem esverdeada; o padrão da cabeça é característico, com uma lista alaranjada ao centro, que é ladeada por duas listas pretas, as quais confinam com duas listas brancas
- **Espécies semelhantes**: a estrelinha-de-poupa é muito parecida, mas falta-lhe a lista supraciliar branca
- **Habitat**: bosques bem desenvolvidos, especialmente de resinosas; no Inverno também ocorre em folhosas
- **Distribuição**: durante a época reprodutora distribui-se por quase todo o território a norte do Tejo, sendo especialmente comum em zonas serranas e estando apenas ausente das zonas mais áridas; durante o Outono e o Inverno também aparece no sul do país; o bis-bis distribui-se por toda a ilha da Madeira.
- **Estatuto migratório**: os indivíduos nidificantes poderão ser parcialmente residentes, mas não há dúvida de que chegam a Portugal inúmeros indivíduos invernantes.

Publicado no jornal Quercus Ambiente n° 39, de Janeiro e Fevereiro de 2010.

Galeirões com e sem crista

Os galeirões são aves aquáticas da família dos ralídeos. São parentes próximos da galinha-d'água e do frango-d'água, que pertencem à mesma família, e "primos afastados" dos grous e das abetardas, que, tal como os galeirões, integram a ordem dos Gruiformes.

Existem 13 espécies de galeirões em todo o mundo, mas quase todas se encontram no continente americano e apenas duas do lado de cá do Atlântico. Em Portugal ocorrem duas espécies de galeirões, sendo um deles muito comum e o outro muito raro.

Galeirão-comum

Distribui-se pela Europa, pela maior parte da Ásia e pela Oceânia (sendo contudo escasso em África). É uma ave característica de zonas de água doce ou salobra, sendo frequente em pauis, lagoas costeiras e barragens. Prefere locais com vegetação emergente do tipo herbáceo (caniçais ou tabuais), que ofereçam algum tipo de cobertura, embora também possa aparecer em zonas de água livre. Em Portugal o galeirão é uma ave comum e não tem actualmente qualquer estatuto de ameaça. Pode ser visto um pouco por todo o país, embora seja raro a norte do Douro e na Beira Alta, devido à escassez de habitat favorável. De acordo com o atlas das aves nidificantes, as regiões do país onde a espécie apresenta uma distribuição mais contínua são o litoral centro (onde existem numerosos pauis e lagoas), o Alentejo (onde o habitat preferido são os açudes e as albufeiras) e o Algarve.

O galeirão é omnívoro, mas na verdade a sua dieta é composta principalmente por vegetação subaquática (esta espécie mergulha para se alimentar). Por vezes também se alimenta de plantas terrestres, podendo então ser visto a "pastar" fora de água, por exemplo em campos de golfe no Algarve ou nas margens de certas albufeiras do Alentejo. Para além da matéria vegetal, consome igualmente pequenos animais, como insectos, moluscos, vermes, aves, peixes e pequenos mamíferos.

É uma ave muito gregária, que forma frequentemente bandos de centenas ou mesmo milhares de indivíduos. Um dos locais mais importantes para esta espécie e que reúne frequentemente grandes concentrações é a lagoa de Santo André (situada no Alentejo Litoral), onde já foram contabilizados mais de vinte mil galeirões. Até meados da década de 1990, realizava-se todos os anos, pelo dia um de Novembro, uma caçada em massa, na qual chegavam a ser abatidos dois mil galeirões, mas felizmente essa "tradição" foi descontinuada e a lagoa de Santo André é hoje uma área protegida. Outros locais importantes para a espécie são o paul do Boquilobo e a reserva de Castro Marim.

Um pouco por toda a Europa, o galeirão é uma ave muito comum e que pode ser vista com facilidade em lagos, por vezes mesmo em zonas urbanas, sendo possível observá-la a curta distância sem grande dificuldade. Em Portugal, contudo, esta ave mostra-se menos tolerante à presença humana e exibe um comportamento pouco confiante, possivelmente como resultado da pressão venatória a que foi sujeita durante muitos anos.

Galeirão-de-crista

Este é o galeirão característico do continente africano, sendo especialmente comum na África tropical (a sul do Sara). Existe um núcleo isolado residual na bacia do Mediterrâneo, que é composto por pequenas populações nidificantes em Marrocos e no sul de Espanha, o que faz com que, ocasionalmente, apareçam em Portugal aves desta espécie. As grandes semelhanças que apresentam com o galeirão-comum (ver ficha técnica) e o facto de se misturar frequentemente com essa espécie fazem com que o galeirão-de-crista passe facilmente despercebido.

Embora a espécie não esteja ameaçada a nível mundial, foi considerada "criticamente em perigo", tanto a nível europeu (pela organização Birdlife International) como a nível nacional (de acordo com o Livro Vermelho dos Vertebrados de Portugal). Em 1990 a população nidificante em Espanha não excedia os 80 casais. A espécie terá sido mais abundante no passado, com importantes populações na Andaluzia, nomeadamente nas marismas do Guadalquivir e na lagoa de La Janda (esta última destruída nos anos 1960) e terá tido uma distribuição mais alargada, nidificando então na Catalunha, na Argélia, na Tunísia e possivelmente em Portugal. Com o objectivo de inverter a tendência regressiva de longo prazo, foram lançados em Espanha pelo menos dois programas de reintrodução de galeirões-de-crista: um na Cañada de Los Pájaros (Sevilha), que teve início em 1990, e outro no Parque Natural de l'Albufera (região de Valencia), que começou em 1998. Desde então já foram libertadas várias centenas de galeirões-de-crista em diferentes zonas húmidas de Espanha.

As aves introduzidas em Espanha ao abrigo destes programas são relativamente fáceis de localizar e identificar, pois em geral são portadoras de um grande colar branco, com letras e números gravados, o que facilita a recolha de informações sobre os movimentos efectuados.

Para mais informações sobre estes projectos sugerem-se os seguintes links: http://www.canadadelospajaros.com/ e http://www.cma.gva.es/areas/estado/biodiversidad/bio/cent ro_proteccion/indice.htm

Em Portugal, os registos de aves com colar provenientes destes programas têm vindo a tornar-se cada vez mais frequentes (não só como resultado do aumento populacional do país vizinho, mas também da maior conspicuidade associada aos colares brancos). A lista de observações homologadas pode ser consultada em www.avesdeportugal.info/fulcri.html.

Ficha técnica

- **Nome vulgar**: Galeirão(-comum)
- **Nome científico**: *Fulica atra*
- **Dimensão**: 36-42 cm.
- **Descrição**: plumagem totalmente preta, contrastando com o bico e a placa frontal, brancos; patas esverdeadas
- **Espécies semelhantes**: não se confunde com nenhuma outra ave aquática europeia, a não ser com o galeirão-de-crista
- **Habitat**: frequenta águas paradas, preferencialmente em pauis, lagoas costeiras e açudes, de preferência com alguma vegetação emergente (por vezes também aparece em planos de água sem vegetação)
- **Distribuição**: distribui-se de norte a sul do país, sendo claramente mais abundante nas terras baixas do litoral, onde existe a maior disponibilidade de habitat; existem registos da sua ocorrência na Madeira e nos Açores, onde contudo não parece existir uma população estável.
- **Estatuto migratório**: residente e dispersivo, com chegada de invernantes

- **Nome vulgar**: Galeirão-de-crista
- **Nome científico**: *Fulica cristata*
- **Dimensão**: 39-44 cm.
- **Descrição**: muito parecido com o galeirão-comum, com o qual pode facilmente ser confundido; distingue-se, a pequena distância, pelos dois nódulos vermelhos na testa (que podem estar quase ausentes em certas épocas do ano), pelo bico com extremidade azulada e ausência de uma mancha de penas em forma de cunha abaixo dos olhos (que está presente no galeirão-comum).
- **Espécies semelhantes**: galeirão-comum, conforme acima descrito
- **Habitat**: semelhante ao do galeirão-comum, com o qual se associa frequentemente
- **Distribuição**: nidifica no sul de Espanha (onde existem alguns programas de reintrodução) e no norte de África; em Portugal a sua ocorrência é acidental, havendo um ou dois registos na maioria dos anos.
- **Estatuto migratório**: residente e dispersivo

Publicado no jornal Quercus Ambiente nº 42, de Julho e Agosto de 2010.

Andorinhas de Inverno

Se pedirmos a várias pessoas que mencionem algo relacionado com a Primavera, uma das respostas mais frequentes será certamente "as andorinhas". Com efeito, o início da Primavera é frequentemente associado à chegada destas aves migradoras, que regressam de África ao local onde nasceram, para darem início a mais uma época de reprodução. Este acontecimento é certamente conhecido por toda a gente. Menos conhecido, porém, é o facto de algumas andorinhas poderem ser observadas regularmente em pleno Inverno.

Das cinco espécies de andorinhas que nidificam em Portugal, apenas quatro são migradoras e partem para África no final do Verão. A quinta espécie permanece entre nós durante todo o ano – trata-se da andorinha-das-rochas *Ptyonoprogne rupestris*. Esta andorinha é relativamente pouco conhecida, devido ao facto de não ocorrer na maioria das grandes cidades e de se distribuir sobretudo pela metade interior do território. Distingue-se da andorinha-das-barreiras *Riparia riparia* pelo seu ventre acastanhado e não branco, e das restantes espécies de andorinhas pela sua cor totalmente castanha e pela cauda quadrada e não bifurcada. Quando é observada de perto, são evidentes os pontos claros nas penas da cauda, também chamadas rectrizes.

Para o ornitólogo que, nesta época do ano, decide enfrentar as baixas temperaturas e sai do calor do lar para dedicar algumas horas à observação de aves e ao contacto com a Natureza, agora silenciosa, o aparecimento de uma andorinha em pleno Inverno é sempre um acontecimento que contribui para animar o dia de campo.

Ao contrário de outras andorinhas, que voam frenética e incessantemente de um lado para outro, as andorinhas-das-rochas efectuam um voo tranquilo, sem pressas, caracterizado por um menos número de batidas e mais planado. São aves quase silenciosas, que apenas emitem ocasionais sons pouco sonoros, passando por isso quase despercebidas ao observador pouco atento. Alimentam-se geralmente perto de água, seja sobre os vales dos rios e ribeiros, seja sobre as águas calmas de grandes albufeiras.

Mas afinal onde pode ser observada esta andorinha, que passa os meses mais frios entre nós? Conforme atrás se referiu, ocorre sobretudo na metade interior do território continental português. Dada a sua preferência por zonas rochosas, pode ser encontrada em áreas com fragas naturais, como sejam os vales superiores dos rios Douro, Tejo e Guadiana, onde nidifica; para implantar os seus ninhos, recorre igualmente a estruturas artificiais, tais como barragens, pontes, castelos e edifícios em ruínas. Assim, durante a época de nidificação pode ser encontrada em numerosos locais com estas características. As barragens de Montargil e Castelo de Bode, os vales alcantilados do Douro Internacional e seus afluentes ou as ruínas da Mina de S. Domingos são apenas alguns exemplos de entre os numerosos locais onde a espécie ocorre com regularidade. Os seus ninhos têm a característica forma de taça e assemelham-se aos da andorinha-das-chaminés *Hirundo rustica*.

Distribuição no Inverno

No Inverno a distribuição da andorinha-das-rochas é ligeiramente diferente: por um lado as populações do interior do país tendem a concentrar-se em determinados locais, onde formam dormitórios de dimensão considerável; existem dormitórios em igrejas, por exemplo em Castelo de Vide ou em Vila Verde de Ficalho, onde as aves se reúnem em grande número ao fim da tarde, partindo na manhã seguinte em busca de alimento; alimentam-se muitas vezes em albufeiras, sendo frequentes as observações de bandos numerosos junto aos grandes paredões de betão das barragens, também eles usados como local de repouso durante o dia. Por outro lado, nos meses mais frios a espécie surge em certas zonas do litoral, onde não ocorre durante a Primavera e o Verão – é o caso da costa sudoeste e de parte do litoral algarvio, da zona do cabo da Roca ou da cidade de Aveiro. A origem destas aves é desconhecida e, embora se possa tratar de indivíduos portugueses em dispersão, é de admitir a hipótese de aqui ocorrerem populações provenientes de outros países da Europa central, onde a espécie apresenta um carácter migratório.

À medida que o Inverno avança, a andorinha-das-rochas vai perdendo a "exclusividade", pois as quatro espécies de andorinhas migradoras vão, a pouco e pouco, ocupando o nosso território. Na metade sul do país a maioria das espécies de andorinhas chega em grande número logo a partir de Fevereiro, não sendo mesmo raras as observações em finais de Janeiro. Há quem diga que actualmente as andorinhas regressam de África mais cedo do que outrora e que este avanço temporal estará relacionado com as alterações climáticas recentes, mas não existem estudos conclusivos sobre este aspecto. Até lá, a chegada das andorinhas continuará a ser associada à Primavera e as andorinhas-das-rochas continuarão a ser as únicas andorinhas que podem ser vistas a voar tranquilamente nos dias frios de Inverno.

Ficha técnica

- **Nome vulgar**: Andorinha-das-rochas
- **Nome científico**: *Ptyonoprogne rupestris*
- **Dimensão**: 14,5 cm
- **Voz**: "tchirr" enrolado, pouco sonoro e pouco frequente
- **Habitat**: paredes rochosas do litoral ou do interior; ocorre em planície e em montanha
- **Distribuição**: de norte a sul do país, sendo mais frequente no interior
- **Estatuto migratório**: residente; aparentemente mais numerosa no Inverno, o que se poderá ficar a dever à chegada de outras aves invernantes.

Publicado no jornal ABC Ambiente nº 16, de Janeiro de 2000.

Em busca das aves raras

Para os observadores de aves, a observação de uma ave rara é geralmente motivo de entusiasmo. No entanto, a identificação de espécies raras nem sempre é uma tarefa fácil. Neste artigo explica-se o que é uma raridade e qual o tratamento dado a essas observações.

Com a chegada do Outono, chega também uma das épocas do ano mais interessantes para os observadores de aves, particularmente para aqueles que se interessam pela observação de espécies pouco usuais. Isto acontece porque o Outono é uma época de migrações e porque muitas aves migradoras, durante as suas migrações para sul, acabam por se perder da sua rota e surgem fora dos seus locais habituais.

Por isso, muitos observadores de aves, ansiosos por verem espécies novas, apontam as suas baterias a locais onde tradicionalmente ocorrem raridades nesta época do ano. Entre os locais mais famosos na Europa pelo elevado número de raridades que atraem, refiram-se as ilhas Scilly e Fair (ambas no Reino Unido) e a ilha Heligoland (Alemanha). No caso português, destacam-se entre outros locais, os estuários do Tejo e do Sado, o Cabo Espichel, a Península de Sagres e o Arquipélago dos Açores. Aliás, nos últimos anos, tem havido um aumento do turismo ornitológico à região dos Açores, particularmente por parte de observadores oriundos da Europa Central e do Norte, que esperam encontrar aí algumas aves oriundas do outro lado do Atlântico.

Mas afinal... o que é uma raridade? Como o próprio nome parece indicar, uma raridade é uma espécie rara. Contudo, a expressão "espécie rara" presta-se a algumas ambiguidades: uma espécie pode ser rara a nível global mas comum a nível local ou então pode ser comum num país e rara noutra. Por isso, no contexto da observação de aves será mais apropriada a expressão "espécies de ocorrência rara". Quer isto dizer que o termo "raridade" se aplica, geralmente, a espécies observadas fora da sua área normal de ocorrência, sendo frequente usar-se o termo "divagante" para frisar o facto de que a ocorrência de uma dada espécie em determinado local é um facto excepcional.

De onde vêm as raridades?

Uma ave rara, observada fora da sua área normal de ocorrência, pode ter múltiplas proveniências. Contudo, antes de referir as várias origens das aves divagantes, convém desde já esclarecer que nem todas as aves tidas como raras correspondem a divagância natural. Efectivamente, há inúmeros casos de aves que são importadas dos seus países de origem, a fim de serem comercializadas, sendo depois mantidas em cativeiro. Muitas destas aves logram escapar e sobreviver em estado selvagem durante dias e, por vezes, meses ou anos. Por isso, todo o cuidado é pouco ao considerar a origem das aves raras observadas em liberdade, devendo sempre considerar-se a possibilidade de fuga de cativeiro. Tipicamente, as observações de patos e gansos, de certas aves de rapina, passeriformes granívoros não migradores e ainda de aves tropicais muito coloridas (como papagaios, tecelões e estorninhos metálicos) referem-se a aves fugidas de cativeiro. Já no caso dos registos de gaivotas, andorinhas-do-mar, limícolas e passeriformes insectívoros migradores, a maioria das observações corresponde a divagantes genuínos. Contudo, este critério de separação com base na espécie não é suficiente, devendo cruzar-se esta informação com as datas e padrões de ocorrência, o comportamento da ave e a situação noutros países da Europa. Refira-se que o número de espécies actualmente existentes em cativeiro é muito grande e tende a aumentar, o que coloca dificuldades adicionais à separação entre fugas de cativeiro e divagantes genuínos.

Dito isto, importa esclarecer que as aves que verdadeiramente atraem os observadores de raridades são os divagantes puros.

Estes podem provir de inúmeras regiões geográficas. No caso das aves observadas em Portugal, há duas regiões que parecem predominar: a América do Norte e a região euro-siberiana. No primeiro caso, trata-se de aves migradoras norte-americanas, que se perderam no decurso das suas migrações e foram arrastadas para leste, por vezes na sequência de tempestades ou de ventos fortes de oeste – nos Açores, pela sua localização no meio do Atlântico, tem havido inúmeros registos de aves oriundas da América do Norte. No segundo caso, são aves oriundas da Sibéria que voaram para sueste (muitas vezes sob a influência de um centro de altas pressões outonal) e vieram parar à Península Ibérica – estas aves surgem tipicamente em Outubro ou Novembro.

Para além destes, existem registos de aves oriundas do Norte de África, do leste da Europa e até do Norte de Espanha.

Comités de Raridades

O principal problema relacionado com a observação de raridades é a correcta identificação das aves observadas. Com efeito, é frequente haver erros de identificação. Estes erros acontecem porque muitas espécies consideradas raras se assemelham a outras aves mais comuns, prestando-se, por isso, a confusões. Para aumentar a dimensão do problema, muitos guias de campo nem sempre ilustram convenientemente as espécies mais raras e não apresentam ilustrações para todas as plumagens. Assim, é habitual os observadores realizarem identificações usando apenas a informação de que dispõem e isso resulta, não raras vezes, em identificações incorrectas.

Com vista a obviar este problema, ao longo do século XX começaram a surgir, em diversos países europeus, grupos de trabalho denominados Comités de Raridades e cuja missão passou a ser a de processar as informações referentes a observações de espécies raras ou acidentais, compilar esta informação e detectar os casos de identificações incorrectas.

Portugal despertou muito tarde para este problema e só em meados da década de 1980 é que as observações de espécies raras passaram a ser submetidas a um destes grupos de trabalho: o Comité Ibérico de Raridades, que analisava registos de Espanha e Portugal.

O Comité Português de Raridades

Em 1995, a Sociedade Portuguesa para o Estudo das Aves (SPEA) decidiu avançar com o seu próprio comité – nasceu assim o Comité Português de Raridades. Desde a sua entrada em funcionamento, este Comité já analisou mais de 860 registos de aves raras. Destes registos, cerca de 580 foram efectuados no Continente, 230 nos Açores e 50 na Madeira.

A existência de um Comité de Raridades suscita sempre algumas reservas por parte de muitos ornitólogos, que não reconhecem ao Comité qualquer competência para avaliar as suas observações. Por isso, há numerosos observadores que se recusam a enviar os seus registos a qualquer Comité de Raridades – aliás, este não é um problema exclusivamente nacional, sendo uma situação que também se verifica noutros países.

Contudo, há que esclarecer que o papel do Comité de Raridades não é o de julgar ninguém, mas antes o de detectar possíveis situações de erros de identificação em que o observador, por desconhecimento ou más condições de observação, não identificou correctamente a espécie.

Adicionalmente, o Comité desempenha também um papel extremamente útil na recolha e compilação de informação sobre a ocorrência de espécies raras ou acidentais em Portugal. Isto significa que as observações submetidas ao Comité e homologadas são incorporadas nos relatórios anuais e contabilizadas para os totais nacionais. Em contrapartida, as observações não submetidas acabam, na sua maioria, por se perder – nunca chegam a ser publicadas ou, quando o são, pecam por falta de detalhes e, mais tarde, acabam por suscitar muitas dúvidas quanto à fiabilidade da informação apresentada.

Por este motivo, existe toda a vantagem em continuar a submeter as informações de espécies raras, pois isso contribui para aumentar o conhecimento sobre as aves e os seus movimentos.

Publicado no jornal Quercus Ambiente n° 10, de Outubro de 2004.

Aves exóticas em Portugal

Ao longo das últimas décadas, tem vindo a assistir-se, em Portugal, a uma proliferação de aves exóticas em cativeiro, oriundas dos cinco continentes. Importadas geralmente com fins ornamentais, muitas destas aves logram escapar ao destino que lhes estava reservado, fugindo das suas gaiolas e recuperando a liberdade. Uma boa parte destas fugas envolve aves isoladas, que, por não terem condições de sobrevivência e de reprodução, acabam por perecer. Contudo, em certos casos, o número de indivíduos que escapam é superior e as aves, conseguindo adaptar-se às condições envolventes, começam a reproduzir-se em liberdade. Algumas espécies chegaram mesmo a estabelecer populações viáveis e colonizaram diferentes locais do nosso território.

O aparecimento destas aves pode induzir desequilíbrio nos ecossistemas, devido à competição com as espécies nativas, com consequências negativas para estas últimas. Por isso, e numa perspectiva da conservação da natureza, este é um problema que deve ser monitorizado. A título de exemplo das consequências que a introdução de espécies não autóctones pode trazer, refira-se o caso do pato-de-rabo-alçado-americano, que foi introduzido no Reino Unido e noutros países da Europa. Gradualmente, este pato foi-se espalhando pelo continente europeu, tendo chegado a Espanha, onde começou a hibridar com o seu parente autóctone, o pato-de-rabo-alçado, ameaçando a sobrevivência desta última espécie, já de si bastante rara. Face a esta situação, foi definido um programa de abate selectivo dos "intrusos", com vista à preservação da espécie nativa.

Fazemos agora um ponto de situação sobre a presença de espécies exóticas no território português, começando pela mais conhecida.

O bico-de-lacre

O pequeno bico-de-lacre é uma espécie granívora de origem africana que se popularizou no nosso país como ave de gaiola. É uma ave de pequenas dimensões, menor que um pardal, que se identifica facilmente pelo bico cónico, de tom vermelho vivo. Não se sabe exactamente quando é que a espécie começou a ocorrer em liberdade – conhecem-se referências segundo as quais algumas aves terão sido largadas na zona de Óbidos em 1968, mas a informação disponível é bastante escassa. Quer se tenha tratado de introduções deliberadas ou de fugas de cativeiro (o pequeno tamanho destas aves propicia fugas por entre as grades das gaiolas), a verdade é que alguns bicos-de-lacre se estabeleceram em liberdade e começaram a reproduzir-se. Esta espécie rapidamente se estabeleceu como nidificante e, em poucos anos, colonizou a maior parte do território nacional. Em meados da década de 1980 o bico-de-lacre já podia ser encontrado em praticamente todo o litoral e, pontualmente, nalgumas zonas do interior (excepto nas regiões de maior altitude, de onde ainda hoje está ausente).

Durante muitos anos, os bicos-de-lacre foram um caso isolado e, por isso, a espécie tornou-se um ícone das aves exóticas em Portugal. Contudo, hoje a situação é bastante diferente.

O virar do século

Foi sobretudo nos últimos anos do século XX e no início do século XXI que se assistiu a uma expansão considerável da quantidade e da diversidade de aves exóticas em Portugal. Devido a fugas ou largadas, são hoje inúmeros os registos de aves que, tendo fugido de cativeiro, foram observadas em liberdade. O número total de espécies de aves não autóctones vistas em estado selvagem no nosso país ultrapassa as 85, sendo possível que haja mais espécies em situação idêntica, mas cujos registos não se encontram sistematizados. Entre as aves alóctones que já foram observadas em liberdade no território do continente, os grupos mais bem representados são: os anatídeos (gansos e patos), os columbídeos (pombos e rolas) os psitacídeos (papagaios, periquitos e afins), os ploceídeos (tecelões e afins) e os estrildídeos (bicos-de-lacre e afins).

No que diz respeito à nidificação, em estado selvagem, de aves não autóctones, o número de espécies com registo de nidificação confirmada em Portugal Continental é de vinte e nove. Destas, há pelo menos sete que estabeleceram populações viáveis e são hoje localmente comuns, reproduzindo-se ano após ano em liberdade (ver Tabela)[17]. Para as restantes vinte e duas espécies, a sua nidificação em liberdade já foi registada de forma esporádica e localizada, mas sem carácter regular e sem que tenha sido detectado o estabelecimento de populações viáveis.

A situação nas ilhas é menos clara, devido à escassez de informação. Tal como no continente, existem diversos registos de aves exóticas em liberdade, resultantes provavelmente de fugas de cativeiro, mas o estabelecimento de populações selvagens tem sido mais a excepção que a regra. No caso da Madeira, onde já foram observadas pelo menos treze espécies exóticas em liberdade, admite-se que o bico-de-lacre nidifique regularmente, sobretudo na zona de Machico, onde já foram observados bandos de dezenas e até de centenas de aves desta espécie. Já nos Açores, o número de observações de exóticas é relativamente pequeno, mas é preciso lembrar que o pardal, o pintassilgo e o verdilhão são exóticos nesta região, uma vez que foram aqui introduzidos pelo Homem.

---

[17] No caso do bico-de-chumbo-de-cabeça-preta, não são conhecidas observações em liberdade desde 2009, admitindo-se já a possibilidade de a população introduzida ter, entretanto, desaparecido.

Lista das espécies de aves não autóctones que estabeleceram populações viáveis em Portugal

Nome vulgar	Nome científico	Região de origem	Habitat que frequenta em Portugal	Distribuição no território nacional
Periquito-de-colar	*Psittacula krameri*	África e sul da Ásia	Parques e jardins com árvores de grande porte	Sobretudo na região de Lisboa e no vale do Tejo e também na região de Mira, com registos dispersos no resto do território continental, do Minho ao Algarve. Existem bastantes registos nos Açores (ilhas de S. Miguel e Faial) e na Madeira.
Mainá-de-crista ou Mainato-de-poupa	*Acridotheres cristatellus*	Sudeste asiático	Zonas abertas com algumas árvores	Periferia de Lisboa, especialmente na costa do Estoril e na península de Setúbal.
Tecelão-de-cabeça-preta	*Ploceus melanocephalus*	África subsariana	Pauis com vegetação emergente	Pauis nas zonas de Caldas da Rainha e do baixo Tejo e também no Algarve.
Bispo-de-coroa-amarela	*Euplectes afer*	África subsariana	Pauis e valas com vegetação emergente	Pauis da Beira Litoral, do Ribatejo e da Estremadura; frequente no estuário do Tejo. Já foi observado na Madeira.
Bico-de-lacre	*Estrilda astrild*	África subsariana	Vegetação arbustiva ou herbácea, muitas vezes próximo de água	Todo o território continental, do Minho ao Algarve, excepto as terras altas. Vários registos na Madeira, onde deverá já estar naturalizado, e nos Açores (ilhas de S. Miguel e Terceira).
Bengali-vermelho	*Amandava amandava*	Ásia meridional	Zonas ribeirinhas com alguma vegetação densa	Sobretudo na região de Elvas e, em menor número, nas bacias do Tejo e do Sado. Já foi observado na zona de Machico (Madeira).
Bico-de-chumbo-de-cabeça-preta	*Lonchura malacca*	Sul e sudeste asiáticos	Pauis e zonas estuarinas com vegetação emergente	Sobretudo no Ribatejo e nos estuários do Tejo e do Sado, com registos dispersos noutros pontos do litoral.

Publicado no jornal Quercus Ambiente nº 36, de Julho e Agosto de 2009.

Sobre o autor

Gonçalo Elias nasceu em Lisboa em 1968. Dedica-se à observação e ao estudo das aves desde Dezembro de 1987. Tem uma ampla experiência de campo, aliada a um bom conhecimento do território, tendo já visitado todos os concelhos de Portugal Continental e quase todos os das ilhas, bem como mais de 30 países, distribuídos por quatro continentes, com o intuito de observar aves selvagens. Colaborou em oito atlas ornitológicos em Portugal, Espanha e Tanzânia. É co-autor de seis livros sobre as aves portuguesas e sobre os melhores locais para as observar: *Guia das Aves de Lisboa*, *As Aves do Estuário do Tejo*, *Atlas das Aves Invernantes do Baixo Alentejo*, *A Birdwatchers' Guide to Portugal*, *As Aves do Estuário do Sado*, *Aves de Portugal – Ornitologia do território continental* e *Birds of Portugal – An Annotated Checklist*, bem como de diversos artigos publicados em revistas da especialidade. Sócio fundador da SPEA – Sociedade Portuguesa para o Estudo das Aves, a cuja Direcção pertenceu entre 1999 e 2002. Foi coordenador do CPR – Comité Português de Raridades entre 2002 e 2006. Desde 2007 promove a actividade de observação de aves usando as novas tecnologias de informação e comunicação, sendo fundador e administrador do Fórum Aves (a maior comunidade online de observadores de aves em Portugal), lançado em Julho de 2007, bem como fundador e coordenador do portal avesdeportugal.info, lançado em Janeiro de 2008. No âmbito deste portal tem organizado, desde 2011, cursos online gratuitos, com o objectivo de promover, junto da comunidade lusófona, o desenvolvimento de competências de identificação das aves selvagens que ocorrem em Portugal.

É licenciado em Engenharia Electrotécnica e de Computadores (IST, 1991) e possui um MBA em Gestão de Empresas (UNL, 1996), sendo igualmente formador profissional certificado pelo IEFP.